Wilhelm Frankenberg

Das Verständnis der Oden Salomos

(Beihefte zur Zeitschrift für die alttestamentliche Wissenschaft XXI)

Beihefte

zur

Zeitschrift für die alttestamentliche Wissenschaft

XXI

Das Verständnis der Oden Salomos

von

Lic. theol. Wilhelm Frankenberg

Pfarrer in Ziegenhain

Gießen 1911

Verlag von Alfred Töpelmann (vormals J. Ricker)

Das
Verständnis der Oden Salomos

von

Lic. theol. Wilhelm Frankenberg

Pfarrer in Ziegenhain

Gießen 1911

Verlag von Alfred Töpelmann (vormals J. Ricker)

Herrn Julius Wellhausen

in Ehrerbietung

zugeeignet.

والسفاهة كاسمها . . . .

Inhalt

Einleitung.

Als ich Ende Oktober letzten Jahres durch die Güte des Herrn Geheimrats WELLHAUSEN seine Besprechung der Oden Salomos in den GGA. 1910 Nr. 9 und Nr. 10 erhielt, war ich mit dem Stoffe noch ganz unbekannt, weil ich durch die Vorbereitung meiner Ausgabe des Euagrius Pontikus, die D. v. mit der griechischen Übersetzung diesen Sommer zum Druck kommt, in Anspruch genommen war. Auf Grund der Inhaltsangabe, die WELLHAUSEN a. a. O. S. 631 ff. gibt, war mir das Allgemeine sofort klar, daß diese Sammlung christlichen Ursprungs ist. Diese meine Überzeugung verstärkte sich dann, als ich mich in das Studium der Oden mit Muße vertiefte, nach einer besonderen Richtung. Das waren ja ganz dieselben Gedanken, die mir bei meiner Lektüre der Kirchenväter der vier ersten Jahrhunderte auf Schritt und Tritt aufgestoßen waren. Ich merkte gleich, daß die Stellen, die dem christlichen Ursprung der Oden zu widersprechen oder den Zusammenhang des Textes zu stören schienen, nur auf Mißverständnissen beruhen. Die Hypothese HARNACKs, die übrigens ähnlich schon HARRISON hat, daß ein jüdischer Grundstock in christlicher Bearbeitung und Erweiterung vorliege, eine Annahme, deren Schwierigkeiten er sich selbst nicht verhehlt, schien mir bei der geradezu erdrückenden Uniformität der Oden haltlos zu sein. So weit ich die Literatur der Frage kenne, arbeitet sich auch die Überzeugung, daß die „jüdischen" Stellen auf Mißverständnissen beruhen, immer mehr durch. Gar nicht ernstlich in Betracht kommt meines Erachtens die Meinung derer, die am liebsten die ganze Sammlung jüdisch oder wenigstens judenchristlich machen möchten. HARNACK hat das unleugbare Verdienst, durch seine

Ausgabe und Kommentierung (Texte und Unters. Bd. 35 Heft 4)
der Übersetzung FLEMMINGs auf die Oden in einer bestimmten
Richtung aufmerksam gemacht und den Eifer angespornt zu haben,
wenn auch seine Einschätzung der Oden auf einer großen Illusion
beruht. Wer aus den Oden etwas Positives für die Geschichte,
die Tradition des Lebens Jesu, die Entstehung des vierten Evan-
geliums lernen will muß das Gras wachsen hören. Der Wert
dieses Fundes schrumpft für den, der den Text versteht, sehr
zusammen. Originales enthalten sie in der Substanz ihrer Ge-
danken meines Erachtens gar nichts, ihr Gedankenkreis hängt auf
das Engste mit der Exegese der alexandrinischen Schule (Clem.
Al.—Origenes) zusammen: man lese den Kommentar des Origenes
zu den Psalmen und nehme sich dann einen Text, etwa den
ψ 71 des Kanons vor und studiere ihn mit dem mystischen
Schlüssel so erhält man dieselben Gedanken und Bilder. Auch
die Form dieser Gedanken ist nicht original, sie ist ganz und gar
der der alttestamentlichen Psalmen nachgebildet. Die ganze
Sprache weist in jedem Verse fast auf diese Herkunft. Das letztere
ist zwar bekannt, aber es ist doch gut, wenn wir im Folgenden
eine nur flüchtige Zusammenstellung verwandter Stellen bringen.
Die Oden stehen voran, die Psalmen nach.

9—21 11 5—27 5^b 24 8 23 17 29 8—33 16 29 4—29 4 26 4 (Ge-
brauch des υψουν) — 29 2 29 11—30 17 24 8 29 8—32 10 33 16 9—
32 11 8 21—32 15 29 10 5 5—34 5 5 7f.—34 8 5 5f.—34 6 28 10—34 12
11 8 usw. (μεθη θεου) — 35 9 28 10—37 21 108 5 31 8—38 3. 10 11 5—
39 8 20—49 14 18 18—51 8 5 10—54 23 11 5—60 3 6 8—64 3^b 6 7 ff. 10—
64 10 ff. 39 8—65 6. 12 11 11—66 7 7 19 ff.—67 5 17 10 ff.—67 7 22 5—
67 22 31 7—68 5^c 17 6 usw.—68 9 5 6—68 24 25 5 f.—68 22 ff. 17 6—70 7
29 4—70 20 f. 28 13—72 23 17 5 38 2—72 24 22 5—73 13^b 97 8 8—75 4
31 1—76 17 11 5—77 15 9 2^b—83 10 11 11—84 13^b 106 f.—85 9 28 11 f.
—85 14 29 11—85 16^b 31 8 f.—87 9 9 11—88 29 9 2—83 10 88 39. 52
41 1 ff.—94 1 ff. 95 1 ff. 31 8 ff. 28 13—101 9 39 1 ff.—123 4 f. 18 16—
134 18.

Aber das Interessanteste in dieser Beziehung zwischen Psalmen
und Oden liegt nicht in diesen mehr oder weniger losen sprach-

lichen Anklängen. Wer sich die Mühe gibt nachzusehen wird finden, daß der Christus oder der λογος in der einzelnen Menschenseele ganz nach dem duldenden und schließlich hochkommenden Gerechten der alttestamentlichen Psalmen gezeichnet ist, während der „geschichtliche" Christus, der ja freilich von jenem Bilde auch stark beeinflußt ist, kaum irgendwo hervortritt. Ebenso sind die Feinde, die in unseren Oden stets die Dämonen resp. ihre Eingebungen sind, durchgängig mit den Farben der Widersacher des Frommen in den Psalmen gemalt. Mit dieser literarischen Unselbständigkeit unserer Oden hängt auch ihr geringer ästhetischer Wert zusammen. Die Begeisterung, die hier von innerer Schönheit und grandiosen Bildern redet ist wirklich unbegründet. Die Sprache ist so salopp, wie man sie selten findet, man weiß nie, wo Sache und Bild aufhört, mit der größten Leichtigkeit eilt der Verfasser von einem Bild zum anderen: die Bilder sind bei ihm keine künstlerischen Konzeptionen, sondern bloße abgegriffene Ausdrucksmittel einer theologisch-mystischen Schulsprache, für denselben Gedanken hat er sie dutzendweise auf Lager; man lese zu dem Zweck besonders einmal Ode 11 und Ode 38 aufmerksam durch. Im ganzen und großen haben wir hier eine manierierte religiöse Sprache vor uns, deren Ausdrucksmittel zumeist den groß und seltsam anmuten werden, der ihren Inhalt und ihre Herkunft nicht kennt. Wer an diesem Geröll mythologische Studien machen will mag aus dem zerriebenen Sande des Flusses die stolzen Formen der ursprünglichen Berggipfel sich rekonstruieren. Es sind Phrasen, die sich unter den Händen in entlehnte Allegorien und schwankes Gedankenspiel einer gelehrten Phantasie auflösen. Ich habe an ein paar Stellen in der Erklärung auf diese ästhetische Frage aufmerksam gemacht, weil sie für die Bewertung der Oden von Wichtigkeit ist.

Ich habe nun auf den folgenden Seiten versucht mein Verständnis des Textes der Oden zu geben und zu dem Zwecke aus den mir zu Gebote stehenden Notizen meiner Lektüre passende oder verwandte Stellen angeführt. Sie sollen lediglich in dem Leser das geistige Milieu schaffen, aus dem heraus das Verständnis

1*

dieser Oden meines Erachtens allein möglich ist. Die Zeitbestim-
mung ist bei solchen farblosen Produkten immer eine schwierige
Sache und im Grunde ziemlich gleichgültig, obwohl sie bei vielen
als die Hauptsache behandelt wird; man muß zumeist froh sein,
wenn es gelingt, derartige Erscheinungen in bekannte Gedanken-
kreise einzureihen oder auch nur ihnen einen Platz in deren Nähe
anweisen zu können. Meiner Überzeugung nach beruhen die Oden
auf der Gedankenwelt der alexandrinischen Gelehrten; von da aus
sind sie in ihren Hauptzügen völlig verständlich, nach dem Heiden-
tum und seinen Mysterien braucht man so wenig auszugreifen
wie nach dem Judentum. Sie sind ein rein literarisches Produkt,
ihr Schauplatz ist nirgends die „große" Welt, sondern stets die
einzelne Seele mit ihren Kämpfen und Erfahrungen, das Publikum
des Sprechers in den Oden ist die ἐκκλησια in ihrem mystischen
Sinn. Davon, daß sie für den Gemeindegottesdienst, wenigstens
ursprünglich, berechnet sind, zeigt sich nirgends eine deutliche
Spur, vom Gegenteile viele. Ich habe mich in der Erklärung mit
der Widerlegung der Ansichten anderer, die ich, wie vielleicht zu
betonen nicht überflüssig ist, wohl kenne, absichtlich nicht auf-
gehalten, um die Übereinstimmung der Gedanken ungestört zu
Worte kommen zu lassen. Die Durchführung meiner These in
allen Oden — ich habe nur drei ganz selbstverständliche von der
Besprechung ausgeschlossen — wird der beste Beweis für ihre
Richtigkeit, zugleich auch die beste Widerlegung sein.

Die Texte aus den Kirchenvätern habe ich mir nach MIGNE
genau abgeschrieben; sollte doch hier und da in den Zitaten ein
Irrrtum untergelaufen sein, so bitte ich den Leser um Nachsicht;
das ist leicht möglich, wenn man, wie ich, nicht in der glücklichen
Lage ist, die Bibliothek am Orte zu haben. MACARIUS habe ich
zitiert nach der mir zu Gebote stehenden Ausgabe von PRITIUS,
Lipsiae 1698. Voraus geht eine Übersetzung der Oden. Daß
ich dieselbe griechisch gab wird jeder verstehen, der derartige
Übersetzungen aus dem Griechischen studiert hat. Mir wenigstens
geht es so, daß mir der Inhalt eines derartigen Textes viel näher
tritt in seinem griechischen Gewande, mag es auch hier und da

nicht besonders gut sitzen. Mit den griechischen Worten strömen
dem Belesenen wenigstens auch die Erinnerungen aus seiner Lek-
türe zu, es bildet sich bei ihm aus dem Gedankeninhalt der grie-
chischen Worte die geistige Atmosphäre, die sich beim Klang
oder beim Bild der deutschen Worte nicht einstellen will. Auf
die vielen Aufhellungen, die diese Übersetzung im einzelnen bringt
und die der Leser finden wird, will ich nur nebenbei hinweisen.
Die wichtigeren Textänderungen, die ich vorgenommen habe, sind
nach der Übersetzung S. 37—44 verzeichnet.

. . . .

2 και τα μελη αυτου προς αυτον
  και αυτων εκκρεμαμαι και αγαπαι με
3 ου γαρ ηιδειν αγαπαν τον κυριον
  ει αυτος μη ηγαπα με.
4 τις δυναται διακρινειν την αγαπην
  ει μη ος αγαπαται;
5 αγαπω τον φιλον
  και επιποθει αυτον η ψυχη μου.
6 και οπου η αναπαυσις αυτου
  καγω υπαρχω
7 και ουκ αποξενωθησομαι
  επει ουκ εστι φθονος παρα κυριωι τωι υψιστωι και ευ-
  σπλαγχνωι.
8 συγκεκραμαι οτι ευρεν ο αγαπων τον φιλον
9 οτι αγαπω τον υιον γενησομαι υιος·
10 επει ο προσκολλωμενος τωι αθανατωι
  και αυτος αθανατος εσται
11 και ο αιρουμενος τον ζωντα
  και αυτος ζων εσται.
12 τουτο το πνευμα του κυριου αψευστως
  διδασκει τους ανθρωπους ινα γνωσιν οδους αυτου
13 σοφιζεσθε και γνωτε και γρηγορειτε. αλληλουια.

4

  'ουδεις μεταθησει τον αγιον τοπον σου θεος μου
2 και ουκ μεταρει αυτον αλλαχου οτι ουκ εχει εξουσιαν αυτου
3 επει του αγιου σου εφροντισας προ του ποιειν τοπους.
4 ο πρεσβυτερος ου μεταναστησεται υπο των ελασσονων·

5 δεδωκας την καρδιαν σου κυριε τοις εις σε πιστευουσι
  μηποτε αργησαις και γενοιο ακαρπος,
6 οτι κρεισσων μια ωρα της πιστεως σου
  υπερ πασας τας ημερας και τα ετη.
7 τις γαρ την χαριν σου ενδεδυμενος ζημιωθησεται;
8 οτι η σφραγις σου επιγνωστος,
  γιγνωσκει αυτην τα κτισματα σου
  και αι δυναμεις σου επικρατουσιν αυτην
  και οι αρχαγγελοι οι εκλεκτοι αυτην ενδεδυμενοι εισιν.
9 δεδωκας ημιν την κοινωνιαν σου
  ουχ ως αυτος ημων χρηιζων αλλ᾽ ημων σου χρηιζοντων.
10 αποσταξε δη εφ᾽ ημας τους σταγονας σου
  και ανοιξον τας πλουσιας πηγας σου γαλα τε και μελι ανα-
                      βλυζουσας,
11 οτι ουκ εστι παρα σοι μεταμελεια
  ωστε μεταμελεισθαι περι ων υπεσχησαι,
12 και το τελος ην σοι αποκεκαλυμμενον
  και ο δεδωκας δωρεαν δεδωκας·
13 μη ουν αιρων αφαιρει αυτα·
14 παν γαρ σοι ωσ θεωι προδηλον ην
  και ητοιμασμενον απαρχης ενωπιον σου
  και συ κυριε παν εποιησας. αλληλουια.

5

1 δοξαζω σε κυριε οτι σε αγαπω,
2 υψιστε μη εγκαταλιπηις με οτι συ η ελπις μου.
3 δωρεαν ειληφα την χαριν σου, ζωην δι᾽ αυτης.
4 ελθοιεν οι διωκοντες με και μη ορωιεν με,
5 νεφελη σκοτους επιπεσοι επι των οφθαλμων αυτων
  και ομιχλη γνοφωδης αυτους αμβλυνοι,
6 και μη γενοιτο αυτοις φως ωστε ορωντας με καταλαβειν.
7 παχυνθειη αυτων η διανοια
  και τα τεχνασματα αυτων επιστρεψαιτο επι τας κεφαλας αυτων·
8 επει ελογισαντο νοηματα και ουκ εγενετο αυτοις,
  ητοιμασαν κακα και εματαιωθησαν,

9 οτι επι τωι κυριωι η ελπις μου και ου φοβουμαι
και οτι ο κυριος η σωτηρια μου ου δειλιω.

10 και ως στεφανος αυτος επι της κεφαλης μου ου σα-
λευθησομαι.
και εαν παν σαλευθηι εγω εστηκα

11 και εαν τα βλεπομενα αποληται εγω ουκ αποθανουμαι,

12 οτι ο κυριος μετ᾽ εμου και εγω μετ᾽ αυτου. αλλ.

6

1 ωσπερ χειρος την κιθαραν πλησσουσης αι χορδαι ηχουσιν

2 ουτως λαλιαι εν τοις μελεσι μου το πνευμα του κυριου και
εν τηι αγαπηι αυτου λεγω.

3 αυτος γαρ αφανιζει το αλλοτριον
και παν του κυριου εστι,

4 επει ουτως ην απαρχης και εις τελος
ουδεν εσται εναντιουμενον
και ουδεν επαναστησεται αυτωι.

5 επληθυνε την γνωσιν αυτου ο κυριος
και ζηλοι ωστε τα δια της αυτου χαριτος ημιν χορηγουμενα
γνωσθηναι
εις δοξαν εδωκεν ημιν το ονομα αυτου.

6 τα πνευματα ημων το πνευμα αυτου δοξαζουσιν.

7 εξηλθε γαρ απορροια και εγενετο εις ποταμον μεγαν και
ευρυν

8 επει παν αρπαξας εσυρε και προς τον ναον ηγαγε.

9 και ουκ ισχυσαν αυτον κατεχειν οικοδομαι ανθρωπιναι
ουδε αι τεχναι των τα υδατα αποκωλυοντων.

10 επηλθε γαρ επι πασαν την γην και παν επλησε
και παντες οι διψωντες επι γης επιον

11 και η διψα ελυετο και εσβεσθη
επει παρα του υψιστου εδοθη το πομα.

12 μακαριοι ουν οι διακονοι του πομματος
οι πεπιστευμενοι αυτου το υδωρ·

13 ανεπαυσαν ξηρα χειλη
και προαιρεσιν εκλελυμενην ανεστησαν

14 και ψυχας εγγιζουσας του εκλιπειν
   απο του θανατου απειργον
15 και μελη πεπτωκοτα επανωρθωσαν
16 εδωκαν ισχυν τηι παρεσει(?) αυτων
   και φως αυτων τοις οφθαλμοις·
17 οτι πας επεγνω αυτους εν κυριωι
   και εζησαν τωι υδατι ζωην αιωνιον.

7

1 ωσπερ φορα θυμου επ' ανομιας
  ουτως φορα χαρας επ' ερωμενου
  των καρπων αυτης ακωλυτως συναγουσα.
2 χαρα μου ο κυριος και προς αυτον ο δρομος μου
  αυτη η οδος μου καλη.
3 οτι αντιλημπτωρ μου ο κυριος
  εγνωρισεν αυτον μοι αρθονως τηι απλοτητι αυτου.
4 το μεγεθος γαρ αυτου η χρηστοτης εσμικρυνεν
5 εγενετο ως εγω ινα αυτον αναλαβω
6 ωμοιωθη κατ' εμε ινα αυτον ενδυωμαι
7 και ουκ επτοηθην αυτον ιδων
  οτι αυτος με ηλεησε.
8 κατα την φυσιν μου υπεστη ινα αυτον αμφιω(?)
  και κατα την μορφην μου ινα αυτον μη αποστρεψωμαι·
9 πατηρ της γνωσεως ο λογος της γνωσεως.
10 ο κτισας την σοφιαν σοφος υπερ τα ποιηματα αυτου
11 ο με κτισας πριν γενεσθαι με εγνω
   τι ποιησω γενομενος·
12 δια τουτο ηλεησε με κατα το πολυ ελεος αυτου
   και εδωκεν μοι αιτειν παρ' αυτου και της ουσιας αυτου
                        μεταλαβειν
13 ως δη οντος αφθαρτου,
   τελειωσεως των κοσμων (αιωνων) τε και πατρος.
14 εδωκεν αυτον οφθηναι τοις ιδιοις (οικειοις)
15 ινα επιγνοιεν τον αυτους ποιησαντα
   και μη οιοιντο οτι αφ' αυτων εγενοντο.

16 τηι γαρ γνωσει εθηκεν την οδον
   ευρειαν μακραν και παντα τελειως παρεσκευασμενην,

17 και εθετο επ' αυτης τα ιχνη του φωτος αυτου
   και επορευθη απ' αρχης εως τελους·

18 οτι υπ' αυτου εθρησκευετο ηυδοκησεν εν τωι υιωι
   και δια την σωτηριαν αυτου το παν ληψεται.
   και γνωσθειη ο υψιστος εν τοις αγιοις αυτου
   ωστε ευαγγελιζεσθαι τοις εχουσι ψαλμους την(?) του κυριου
                                            παρουσιαν

10 ινα εξιωσιν εις συναντησιν αυτου
   υμνουντες αυτωι εν χαραι και εν κιθαραι πολυφωνωι.

21 πορευεσθων προ αυτου οι διορατικοι
   και φανεντων εμπροσθεν αυτου

22 και δοξαζοντων τον κυριον επι τηι αγαπηι αυτου
   οτι εγγυς εστι και οραι.

23 αρθητω μισος εκ της γης
   και μετα του ζηλου καταποντιζεσθω.

24 επει δη η αγνωσια ηφανισται
   της του κυριου γνωσεως παρουσης.

25 υμνουντων οι υμνουντες την χαριν κυριου του υψιστου

26 προσαγοντων αυτων τους ψαλμους.
   και ως ημερα εστω αυτων η καρδια
   και ως η μεγαλοπρεπεια του κυριου τα ηχη αυτων.

27 και μη γενεσθω τι της ψυχης
   εκτος γνωσεως (αμοιρον γν.) μηδε κωφον.

28 στομα γαρ εδωκεν αυτου τηι κτισει
   ανοιξαι φωνην στοματος προς αυτον εις επαινον αυτου.

29 ομολογειτε την δυναμιν (αυτου) και δηλωσατε αυτου την
                                            χαριν. αλληλουια.

8

1 ανοιξατε ανοιξατε τας καρδιας υμων εις αγαλλιασιν κυριου
2 και πληθυνθειη υμων η αγαπη απο καρδιας εως των χειλεων
3 προσαγειν καρπους τωι κυριωι ζωην αγιαν.
4 ιστασθε και εστηκετε οι χρονον τινα ταπεινωθεντες

5 οι δια σιωπης γενομενοι λαλειτε,
οτι ανεωικται το στομα υμων.

6 οι καταφρονουμενοι απο του νυν υψουσθε
οτι η δικαιοσυνη ημων υψωται.

7 η γαρ δεξια του κυριου μεθ᾽ υμων
και αυτος υμιν εστι βοηθος·

8 και ητοιμασται υμιν ειρηνη
προ του γενεσθαι πολεμον.

9 ακουετε τον λογον της αληθειας
και αναδεξασθε την γνωσιν του υψιστου.

10 ουκ επισταται υμων η σαρξ τι λεγω υμιν
ουδε αι καρδιαι υμων τι υμιν απαγγελω·

11 τηρειτε το μυστηριον μου οι δι᾽ αυτου τηρουμενοι

12 φυλαττετε την πιστιν μου οι δι᾽ αυτης φυλαττομενοι

13 και νοειτε την γνωσιν μου οι αληθως με διαγιγνωσκοντες

14 επιποθειτε μου δι᾽ αγαπης οι επιποθουντες

15 οτι ουκ αποστρεφω το προσωπον μου των οικειων

16 επει γιγνωσκω αυτους και προ του γενεσθαι αυτους
διενοηθην
και τα προσωπα αυτων εσφραγισα

17 ηυτρεπισα (κατωρθωσα) αυτων τα μελη
και τους μαστους μου αυτοις παρειχον
ινα πιοντες το αγιον γαλα μου ζωσιν αυτωι.

18 ηυδοκησα εν αυτοις και ου μη καταισχυνω αυτους

19 οτι εμου εργον εισι και των νοηματων μου δυναμις.

20 τις ουν αντιστησεται τοις δουλοις μου
η αυτοις ου πεισθησεται;

21 εγω τον τε νουν και την καρδιαν εθελησας επλασα
και εμου εισι και εκ της δεξιας μου κατεστησα τους
εκλεκτους μου·

22 και ανατελω εμπροσθεν αυτων την δικαοσυνην μου
και ου στερηθησονται του ονοματος μου επειδη μετ᾽ αυτων
εστι.

23 δεισθε πολλως (σφοδρα, εκτενως) και μεινατε εν τηι αγαπηι
του κυριου

24 και οι ηγαπημενοι εν τωι αγαπητωι
και οι φυλαττομενοι εν τωι ζωντι
25 και οι λυτρουμενοι εν τωι σωζοντι(?)
26 και αφθαρτοι ευρεθησεσθε εν πασι τοις αιωσι
τωι ονοματι του πατρος υμων. αλλ.

9

1 ανοιξατε τα ωτα και ερω υμιν
δοτε μοι την ψυχην υμων ινα καγω παρεχω υμιν την ψυχην μου
2 τον λογον του κυριου και την προαιρεσιν αυτου
την αγιαν βουλην ην υπερ του χριστου αυτου ελογισατο.
3 οτι εν προαιρεσει του κυριου εστιν η ζωη υμων
και η ενθυμια αυτου ζωη αιωνιος
και αφθαρτος εστιν υμων η τελειωσις.
4 πλουτειτε εν θεωι τωι πατρι
και δεχεσθε το νοημα του υψιστου
5 ενδυναμουσθε και σωζεσθε αυτου τηι χαριτι.
6 απαγγελλω γαρ ειρηνην υμιν τοις οσιοις αυτου
7 οτι παντες οι υπακουοντες ου πολεμηθησονται
και παλιν οι γιγνωσκοντες με ουκ απολουνται
και οι ανελαβον(?) ουκ αισχυνθησονται.
8 στεφανος αιωνιος η αληθεια εστι
μακαριοι οι τιθεμενοι αυτην επι της κεφαλης αυτων.
9 πολεμοι γαρ δια τον στεφανον εγενοντο
10 και η δικαιοσυνη αναλαβουσα αυτον υμιν εδωκεν.
11 επιτιθεσθε τον στεφανον τηι στερεαι (πιστηι) διαθηκηι του κυριου
12 και παντες οι νικησαντες εν τηι βιβλωι αυτου εγγραφησονται
13 οτι αυτων η γραφη νικη εστιν η υμετερα
και προοραι υμας (sc. μακροθεν)
και θελει υμας σωθηναι. αλλ.

10

1 κατωρθωσε το στομα μου ο κυριος τωι λογωι αυτου
και ανεωιξε την καρδιαν μου τωι φωτι αυτου
και ενωικησεν εν εμοι την ζωην αυτου την αθανατον

2 και εδωκε μοι λαλειν τον καρπον της ειρηνης αυτου

3 ωστε επιστρεψαι τας ψυχας τας αυτωι προσερχεσθαι θελουσας

4 και αιχμαλωτιζειν αιχμαλωσιαν αγαθην τηι ελευθεριαι.

5 εκραταιωθην και υπερισχυσα και ηιχμαλωτικα τον κοσμον

και εγενετο μοι εις επαινον του υψιστου και θεου πατρος

μου

6 και συνηχθη καθολως τα εθνη α εσκορπισμενα ην·

7 και ουκ εμιανθη εν ταις αμαρτιαις (αυτων)

οτι εξωμολογησε μοι εν τοις υψιστοις

και τα του φωτος ιχνη ετεθη επι της καρδιας αυτων

8 και επατησαν εν τηι ζωηι μου και εσωθη

και εγενετο λαος μου εις αιωνας· αλλ.

II

1 περιτετμηται μου η καρδια και εφανη το ανθος αυτης

και ανεβλαστεν εν αυτηι η χαρις και εκαρποφορησεν τωι

κυριωι

2 ο γαρ υψιστος περιετεμε με τωι αγιωι πνευματι αυτου

και ανεκαλυψε προς αυτον τους νεφρους μου

και επλησε με αυτου της αγαπης.

3 και εγενετο μοι η περιτομη αυτου εις σωτηριαν

και εδραμον την οδον εν τηι ειρηνηι αυτου

την οδον της αληθειας 4 απ' αρχης εως εις τελος.

ανειληφα την γνωσιν αυτου

5 και ηδραιωμαι επι πετρας της αληθειας

οπου αυτος με καθιδρυσε.

6 και υδατα λογικα ηγγισε τοις χειλεσι μου

εκ πηγης κυριου αφθονως.

7 και επιον και εμεθυσθην αφ' υδατων ζωντων αθανατων.

8 και η μεθη μου ουκ εγενετο αγνωσιας

αλλ' αποστρεψαμενος τα ματαια προς τον υψιστον τον

θεον μου επεστρεψα.

9 και τωι δοματι αυτου επλουτισθην

και κατελιπον την μωριαν ερριμμενην επι της γης

και εκδυσαμενος αυτην απεβαλον.

10 και ο κυριος ανεκαινισε με τωι ενδυματι αυτου

και ηλεησε με τωι φωτι αυτου

και ανωθεν με ανεπαυσε χωρις φθορας·

11 και εγενομην ως γη ανατελλουσα και τοις καρποις αυτης

θαλλουσα

12 και ο κυριος ως ο ηλιος επι της γης.

13 τους οφθαλμους μου εφωτισε και το προσωπον μου δροσον

εδεξατο

και η αναπνοη μου ηυφρανθη επ' ευωδιαι τού κυριου.

14 και μετηγαγε με εις τον παραδεισον αυτου

οπου ο πλούτος της τρυφης του κύριου.

15 και προσεκυνησα τωι κυριωι δια την δοξαν αυτου

και ειπα· μακαριοι κυριε οι πεφυτευμενοι εν τηι γηι σου

και οι εχουσι χωραν εν τωι παραδεισωι σου,

16 και αυξανουσιν εν ανατοληι των δενδρων σου

και απο του σκοτους εις το φως μετεβληθησαν (απεχωρησαν)

17 οτι ποιουσιν εργα καλα

και απο της κακιας προς την χρηστοτητα σου μετεστρεψαν.

18 και η των δενδρων πικρια απεστη αυτων

οτε εν τηι γηι σου εφυτευθη

19 και εγενετο το παν καθολως σου

και μνημη αιωνιος των πιστων εργων σου.

20 πολλη γαρ η χωρα εν τωι παραδεισωι σου

και ουκ εστιν εν αυτωι αργον

21 αλλα τα παντα μεστα καρπων,

δοξα σοι ο θεος, η τρυφη εν τωι παραδεισωι αιωνιος· αλλ.

12

1 ενεπλησε με λογους(?) της αληθειας

ινα φρασω αυτην·

2 και ως φορα υδατος καταρρει η αληθεια εκ του στοματος μου

και τα χειλη μου δηλοι αυτης (αυτου?) τους καρπους.

3 και επληθυνε εν εμοι την γνωσιν αυτου

οτι στομα κυριου ο λογος ο αληθινος και θυρα του φωτος

αυτου.

4 και εδωκεν αυτον ο υψιστος τοις κοσμοις αυτου
   ερμηνευοντα δη την μεγαλοπρεπειαν αυτου
   και διηγουμενον τον επαινον αυτου
   και δοξαζοντα την βουλην αυτου
   και απαγγελλοντα το νοημα αυτου
   και τα εργα αυτου ευλαβουντα.
5 το (γαρ?) ταχος του λογου ανεκφραστον
   και ως η εκφωνησις αυτου ουτω και η κουφοτης αυτου και οξυτης.
6 απεραντον αυτου το διαβημα
   και ου ποτε πιπτει αλλα διαμενει
   και αγνωστος αυτου η τε καταβασις και η οδος
7 οτι ως η παροδος(?) αυτου ουτως η προσδοκια αυτου(?)
   επει φως εστι και εκλαμψις λογισμου (νοηματος)
8 και οι κοσμοι αυτωι διελεχθησαν προς αλληλους
   και δια λογου εγενοντο οι εν σιωπηι διηγαγον
9 και δι᾽ αυτου εγενετο φιλια και συμφωνησις
   και ειπον αλληλοις α εγενετο αυτοις·
   και ηλθον εις κατανυξιν υπο του λογου
10 και εγνωσαν τον ποιησαντα αυτους
   επει δια συμφωνησεως εγενοντο
   οτι ειπεν αυτοις το στομα του υψιστου
   και δι᾽ αυτου (δια χειρος αυτου?) εδραμεν αυτου η εξηγησις.
11 το σκηνωμα γαρ του λογου ο ανθρωπος εστι
   και η αληθεια αυτου η αγαπη εστι.
12 μακαριοι οι δια τουτου παν διενοηθησαν
   και εγνωσαν τον κυριον εν τηι αληθειαι αυτου· αλλ.

13

1 ιδου εσοπτρον ημων ο κυριος
   ανοιξατε τους οφθαλμους και ορατε αυτους εν αυτωι
   και καταμανθανετε την εξιν των προσωπων υμων·
2 και απαγγειλατε επαινους τωι πνευματι αυτου
   και σμηχετε τους σπιλους απο των προσωπων
   και επιποθειτε της αγιοτητος αυτου και αυτην ενδυσασθε
   και γενησεσθε αμωμοι αει προς αυτον· αλλ.

14

1 ωσπερ οφθαλμοι του υιου εις τον πατερα αύτου
   ουτως οι οφθαλμοι μου κυριε διαπαντος προς σε εισιν.
2 διοτι παρα σοι οι μαστοι μου και αι τρυφαι·
3 μη κλινῃς τα σπλαγχνα σου απ' εμου κυριε
   μηδε αφελῃς μου την χρηστοτητα σου.
4 τεινον μοι κυριε διαπαντος την δεξιαν σου
   και καθηγητης γινου μοι εις τελος κατα το θελημα σου·
5 ευαρεστοιην εμπροσθεν σου δια την δοξαν σου
   και δια το ονομα σου
6 σωθειην εκ του κακου.
   η φιλανθρωπια σου κυριε παραμενοι μοι
   και οι καρποι της αγαπης σου.
7 διδαξον με τας ωιδας της αληθειας σου
   και εν σοι καρποφορησω·
8 και την κιθαραν του αγιου πνευματος σου ανοιξον μοι
   ινα εν πασαις ταις χορδαις σε υμνω.
9 και κατα το μεγεθος του ελεου σου δωσεις μοι.
   επειγου δουναι τα αιτηματα ημων
   και συ παντων των χρειων ημων ποριστικος· αλλ.

15

1 ωσπερ ο ηλιος χαρα εστι τοις επιζητουσιν την ημεραν αυτου
   ουτως μου η χαρα ο κυριος εστι.
2 οτι αυτος ο ηλιος μου και αι αυγαι αυτου ανεστησαν με
   και το φως αυτου τον σκοτον ολον εμπροσθεν μου λυει.
3 εκτησαμην εν αυτωι οφθαλμους
   και την αγιαν αυτου ημεραν εωρακα.
4 εγενετο μοι ωτα
   και την αληθειαν αυτου ηκουσα
5 εγενετο μοι νοημα της γνωσεως
   και δι' αυτου ετρυφηθην.
6 οδον της πλανης κατελιπον,
   ελθων προς αυτον ειληφα σωτηριαν παρ' αυτου αφθονως.

7 και κατα την δοσιν αυτου εδωκε μοι
  και κατα την μεγαλοπρεπειαν αυτου εποιησε μοι.

8 ενδεδυμαι την αφθαρσιαν δι' ονοματος αυτου
  εκδεδυμαι την φθοραν χαριτι αυτου.

9 το θνητον ηφανισται απο του προσωπου μου
  και ο αιδης κατηργηται τωι λογωι μου(?)

10 και ανετειλεν εν τηι γηι του κυριου ξωη αθανατος

11 και εγνωσθη τοις εις αυτον πιστευουσι
  και εδοθη περισσως τοις επ' αυτωι πεποιθοσιν· αλλ.

16

1 ωσπερ εργον του γεωργου το αροτρον
  και εργον κυβερνητου οιακες της νεως

2 ουτως και το εργον μου ψαλμος του κυριου.
  εν τοις υμνοις αυτου η επιστημη μου
  και η εργασια μου αυτου οι επαινοι.

3 οτι η αγαπη αυτου την καρδιαν μου εθρεψε
  και εως των χειλεων μου ανιει τους καρπους αυτου.

4 η γαρ αγαπη μου ο κυριος
  δια τουτο αυτον υμνω·

5 οτι ενδυναμουμαι τωι επαινωι αυτου
  και πιστιν εχω επ' αυτωι.

6 ανοιξω το στομα μου και το πνευμα αυτου δι' εμου λαλησει

7 την δοξαν του κυριου και το καλλος αυτου
  το ποιημα των χειρων αυτου και το εργον των δακτυλων αυτου

8 το πληθος των σπλαγχνων αυτου και το κρατος αυτου του
  λογου.

9 ο γαρ λογος του κυριου εραυναι το μη βλεπομενον
  και στοχαζεται αυτου το νοημα·

10 οτι ο οφθαλμος τα εργα αυτου καθοραι
  και το ους την βουλην αυτου ακουει.

11 αυτος επλατυνεν την γην
  και ιδρυσεν ... εν τηι θαλασσηι,

12 ετεινε τον ουρανον και επηξε τους αστερας
  και ηυτρεπισε την κτισιν και κατεστησε.

2

13 και κατεπαυσεν απο των εργων αυτου

14 και αι κτισεις τωι δρομωι αυτων φερονται
   και αυτων τα εργα ποιουσι

15 και ουκ ισασιν εσταναι και αργειν
   και αι δυναμεις αυτου τωι λογωι αυτου δουλευουσι.

16 θησαυρος φωτος ο ηλιος εστι
   θησαυρος σκοτου η νυξ.

17 ο μεν ηλιος ποιει την ημεραν φωτεινην
   η δε νυξ επαγει τον σκοτον επι της γης
   και αυτων το αμοιβαιον την θεου μεγαλοπρεπειαν φραζει.

19 και ουκ εστι τι παρεκ του θεου
   οτι αυτος προυπηρχεν παντος γενομενου

20 και οι κοσμοι δια του λογου αυτου εγενοντο
   και τηι βουληι (λογισμωι) της καρδιας αυτου·
   δοξα και τιμη τωι ονοματι αυτου· αλλ.

17

1 εστεφανωμαι τωι θεωι μου
  ο στεφανος μου ζων εστι.

2 και δεδικαιωμαι εν τωι κυριωι μου
  η σωτηρια μου αφθαρτος εστι·

3 απολελυμαι του ματαιου
  και ουκ ειμι ενοχος.

4 οι βροχοι μου δι᾽ αυτου διεσπασμενοι εισι
  ειδος και μορφην προσωπου καινου ανειληφα
  και εν αυτωι επορευθην και σεσωσμαι.

5 και η βουλη της αληθειας μοι καθηγησατο
  και ακολουθησας αυτηι ου πεπλανημαι.

6 παντες οι ιδοντες με εθαυμασθησαν
  και ως ξενον με ενομισαν

7 και εμεγαλυνε με ο υψιστος εν πασηι τηι τελειοτητι αυτου
  και εδοξασε με τηι χρηστοτητι αυτου
  και εις υψος της αληθειας ανηρε τον νουν μου.

8 και απο τοτε εδωκεν μοι οδον των διαβηματων αυτου
  και ανεωιξα θυρας κεκλεισμενας

9 και συνεθλασα μοχλους σιδηρους
  ο δε σιδηρος . . . . εξεσε
  και ετακη εμπροσθεν μου.
10 και ουδεν εφανη μοι δεδεμενον
  οτι ανοιξις (λυσις) απαντων εγενομην·
11 και προσηλθον πασι τοις κατεχομενοις μου͞του λυσαι αυτους
  ωστε μη εαν τινα δεδεμενον η δεοντα·
12 και εδωκα την επιγνωσιν μου αφθονως
  και το αιτημα εν τηι αγαπηι μου.
13 και εσπειρα εν ταις καρδιαις τους καρπους μου
  και μετεποιησα αυτους εν εμοι,
  και εδεξαντο την ευλογιαν μου και εζησαν.
14 και συνηχθησαν προς με και εσωθησαν
  οτι εγενοντο μοι μελη καγω αυτων κεφαλη.
15 δοξα σοι η κεφαλη ημων κυριε Χριστε· αλλ.

18

1 υψωθη η καρδια μου αγαπηι του κυριου
  και επερισσευσεν ινα αυτον δοξαζω δι' ονοματος μ
2 ερρωσθη τα εμα μελη ωστε μη πεσειν απο της δυναμεως αυτου.
3 τα αρρωστηματα απεστη μακραν απο του σωματος μου
  και εστη τωι κυριωι κατα την προαιρεσιν αυτου οτι βεβαια
  αυτου η βασιλεια.
4 κυριε μηποτε δια τους υστερουντας τον λογον σου με
  αφαιρει,
5 μηδε δια τα εργα αυτων την τελειοτητα σου απ' εμου
  απερυκε·
6 μη ηττηθητω ο φωστηρ υπο του σκοτου
  μηδε φυγετω η αληθεια υπο του ψευδους
7 εις νικην παραστησατω την σωτηριαν ημων η δεξια σου
  εκδεχου πανταχοθεν και 8 φυλαττε παντα εν κακιαι κατε-
  χομενον.
9 συ μου ο θεος ψευδος και θανατος ουκ εστιν εν τωι στοματι σου
10 αλλα η τελειωσις θελημα σου.
  την ματαιοτητα συ ου γιγνωσκεις

2*

11 οτι ουδε αυτη σε γιγνωσκει,
12 και ου γιγνωσκεις συ πλανην
13 οτι ουδε αυτη σε γιγνωσκει.
14 και εφανη ως χνους η αγνωσια (αγνοια)
   και ως η δυσωδια της θαλασσης.
15 και ενομιζον αυτην οι ματαιοι οτι κραταιοι,
16 ωμοιωθησαν κατ' αυτην και εματαιωθησαν.
   και εγνωσαν οι γιγνωσκοντες και διενοηθησαν (ελογισαντο)
17 και ουκ εμιανθησαν εν τοις διαλογισμοις αυτων
   οτι εν τηι του υψιστου διανοιαι εγενοντο.
18 και κατεγελασαν των δια πλανης οδευσαντων
19 και αυτοι ελαλησαν αληθειαν αφ' ου ενεφυσησεν εν αυτοις
                          ο υψιστος.
   δοξα και μεγαλοπρεπεια τωι ονοματι αυτου· αλλ.

                          19

1 ποτηριον γαλακτος μοι προσηνεχθη
   και επιον αυτο εν γλυκυτητι της χρηστοτητος του κυριου·
2 ο υιος το ποτηριον και ο αμελγομενος ο πατηρ
3 και ημελξεν αυτον το αγιον πνευμα
   οτι οι μαστοι αυτου επλησθησαν
   και ουκ εδεησε διακενως αποβληθηναι αυτου το γαλα.
4 ανεωιξεν αυτου τον κολπον το αγιον πνευμα
   και εμιξε το γαλα των δυο μαστων του πατρος
   και εδωκε την κρασιν τωι κοσμωι αγνοουντι
5 και οι αναλαμβανοντες εν τελειοτητι εισι της δεξιας.
6 εξελυθη η κοιλια της παρθενου και συνελαβε και ετεκε
   και εγενετο μητηρ η παρθενος εν πολλωι ποθωι·
7 ωδινησεν και ετεκεν υιον εκτος οδυνων
8 και ουκ εξητησε μαιαν οτι αυτος αυτην εζωοποιησεν.
   ως ανηρ ετεκεν κατα προαιρεσιν
9 και ετεκεν εν αποδειξει και εκτησατο εν πολλωι κρατει
10 και ηγαπησεν εν σωτηριαι και εφυλαττεν εν χρηστοτητι
   και απηγγειλεν εν μεγεθει(?). αλλ.

20

1 ιερευς κυριου ειμι και αυτωι ιερατευω
και προσαγω αυτωι το δωρον της διανοιας αυτου·

2 οτι ουχ ως ο κοσμος ουθ᾽ ως η σαρξ η διανοια αυτου
ουδε ως οι θρησκευοντες αυτον σαρκικως.

3 το δωρον του κυριου εστι δικαιοσυνη
και καθαροτης της τε καρδιας και των χειλεων.

4 προσαγε τους νεφρους σου αμωμους
και τα σπλαγχνα σου μη παρενοχλειτω σπλαγχνα
και η ψυχη σου μη αδικειτω ψυχην·

5 μη κτησαι αλλοτριον τιμηι της ψυχης σου
μηδε ζητησον κατεσθιειν τον πλησιον σου

6 μηδε αποστερει αυτον το ενδυμα της αισχυνης αυτου.

7 ενδυσαι δε την χαριν του κυριου αφθονως
και ελθε εις τον παραδεισον και ποιησαι στεφανον σοι απο
του δενδρου αυτου

8 και επι της κεφαλης σου θεμενος ευφραινου
και επιστηριζου (καταθαρσει) τηι φιλανθρωπιαι αυτου.
και προπορευεται σου η δοξα

9 και υποδεξηι παρα της χρηστοτητος αυτου και της χαριτος
και λιπανθησηι επ᾽ αληθειαι δοξαι της οσιοτητος αυτου.
δοξα και τιμη τωι ονοματι αυτου· αλλ.

21

1 τους βραχιονας ανηρα εις υψος ελεει του κυριου
οτι τους δεσμους μου απελυσε
και ανυψωσε με ο βοηθος μου εις ελεος τε αυτου και σω-
τηριαν.

2 και αποθεμενος τον σκοτον το φως ενεδυσαμην

3 και εγενετο μοι τα μελη προς εμε
ανευ μαλακιας και ενοχλησεως και εμπαθειας.

4 και περισσως αντελαβετο μου η βουλη του κυριου
και η κοινωνια αυτου η αφθαρτος

5 και υψωμαι εν τωι φωτι αυτου και εποιησα ενωπιον αυτου.

6 και προσηγγισα αυτωι υμνων αυτον και δοξαζων·

7 ηρευξατο η καρδια μου και εν τωι στοματι μου ευρεθη
  και ανετειλε επι των χειλεων μου
  και εμεγαλυνθη επι του προσωπου μου
  αγαλλιασις του κυριου και δοξα αυτου· αλλ.

22

1 ο καταγων με απο των ανω και αναγων με απο των κατω
2 και ο συναγων τα μεσα και με ριπτων,
3 ο σκορπισας τους εχθρους μου και αντιδικους,
4 ο δους μοι εξουσιαν του λυειν τους δεσμους
5 ο παταξας δι᾽ εμου τον δρακοντα τον επτακεφαλον
  και επεστησας με επι τας ριζας αυτου
  ωστε αφανισαι αυτου το σπερμα —
6 συ υπηρξας εκει βοηθων μοι
  και πανταχου το ονομα σου κυκλωι μου·
7 ανειλεν η δεξια σου την κακην αυτου πικριαν
  και η χειρ σου ωμαλισεν οδον τοις εις σε πιστευουσιν.
8 εξελεξας αυτους απο των ταφων
  και εκ των νεκρων αυτους αφωρισας
9 και ελαβες οστα νεκρα και ανηγαγες επ᾽ αυτα σαρκας.
10 και ουκ εσαλευθησαν
  και εδωκας αντιλημψεις εις ζωην.
11 αφθαρτος ην σου η οδος·
  και το προσωπον σου επηγαγες τωι κοσμωι σου εις αναιρεσιν
  ινα παντως λυηται και ανακαινηται
12 και γενηται θεμελιον παντι η πετρα σου
  και επ᾽ αυτηι ωικοδομηκας την βασιλειαν σου
  και γεγονα οικημα των αγιων· αλλ.

23

1 η χαρα των αγιων και τις αυτην αμφιειται
  ει μη αυτοι μονοι·
2 η χαρις των εκλεκτων και τις αυτην ληψεται
  ει μη οι απαρχης πεποιθοτες επ᾽ αυτηι·
3 η αγαπη των εκλεκτων και τις αυτην ενδυσεται
  ει μη οι αυτην κεκτημενοι απαρχης.

4 πορευεσθε εν τηι γνωσει του υψιστου αφθονως
εις την αγαλλιασιν αυτου και τελειωσιν της επιγνωσεως αυτου.

5 η βουλη αυτου εγενετο ως επιστολη
η προαιρεσις αυτου κατηλθεν απο του υψιστου
κατεπεμφθη ως οιστος απο τοξου βιαιως βεβλημενος.

6 και εφεροντο κατα της επιστολης χειρες πολλαι
του αρπασαι και λαβειν και αναγνωναι αυτην.

7 και εφυγεν απο των δακτυλιων αυτων
και εφοβουντο αυτην και την επ᾽ αυτηι σφραγιδα·

8 οτι ουκ ισχυον την σφραγιδα αυτης λυσαι
επει η δυναμις η επι της σφραγιδος κρεισσων ην αυτων.

9 εδιωξαν δε μετα την επιστολην οι ειδον αυτην
εισομενοι οπου καταπαυσεται και τις αυτην αναγνωσεται και
τις αυτην ακουσεται.

10 τροχος δε αυτην υπεδεξατο
και ηλθεν επ᾽ αυτωι (οχουμενη)

11 και μετ᾽ αυτου ην το σημειον της βασιλειας και της ηγεμονιας.

12 και παν οτι σαλευοι τον τροχον κατεστρωσε και εξεκοψε

13 και πληθος των ανθισταμενων συνηγαγε
και εκρυψε ποταμους και παροδευων εξερριζωσε δρυμους
πολλους
και παρεστησεν οδον πλατειαν.

14 κατεβη η κεφαλη προς τους ποδας
επει εως των ποδων εφερετο ο τροχος.
και το επ᾽ αυτωι οχουμενον

15 επιστολη ην διαταγης
επει συνηχθησαν αθρως οι τοποι παντες.

16 και ωφθη εν τηι κεφαλιδι αυτης η κεφαλη η αποκεκαλυμμενη
και ο αληθινος υιος απο του υψιστου πατρος.

17 και εκληρονομησε παντα και ελαβε
και εματαιωθη πολλων η βουλη.

18 παντες οι απατεωνες μακραν απεφυγον
εσβεσθησαν οι μεταδιωκοντες και εξηλειφθησαν.

19 εγενετο δε η επιστολη πλαξ μεγαλη
γεγραμμενη τωι δακτυλωι του θεου τελειως

20 και το ονομα του πατρος επ' αυτηι
και του υιου και του αγιου πνευματος
του βασιλευσαι εις τους αιωνας των αιωνων· αλλ.

1 η περιστερα επτετο επι τωι Χριστωι
οτι κεφαλη εγενετο·
και ηισεν επ' αυτωι και ηκουσθη αυτης η φωνη
2 και εφοβηθησαν οι ενοικοι και εσαλευθησαν οι παροικοι·
3 τα πετεινα εχαλασε τα πτερα
και τα ερπετα παντα απεθανεν εν ταις οπαις.
και οι αβυσσοι ανεωιχθησαν και ενεκοπησαν
οτι επεζητησαν τον κυριον ως τας τικτουσας,
4 αλλ' ουκ εδοθη αυτοις βορα
οτι ουκ ην αυτων·
5 και κατενυγησαν(?) οι αβυσσοι υπο του κυριου
και απωλοντο εν ηι ειχον το προτερον βουληι.
6 οτι απ' αρχης διεφθειραν
και η συντελεια αυτων του διαφθειροντος ζωη εστιν.
7 και απωλετο αυτων παν το υστερουν
οτι ουκ εχωρει (oder ειχε) δουναι αποκρισιν ωστε διαμειναι.
8 και ο κυριος απωλεσε τους λογισμους
παντων των αληθειαν παρ' αυτοις μη εχοντων.
9 οτι υστερησαν της σοφιας οι κατα τας καρδιας υψουμενοι
και εξουδενωθησαν ως ουκ εχοντες παρ' αυτοις αληθειαν.
10 επει ο κυριος εδηλωσε την οδον αυτου και επλατυνεν την
χαριν αυτου
και οι επιγνοντες αυτον αυτου την οσιοτητα επιστανται· αλλ.

1 απεδραν τους δεσμους μου και προς σε ο θεος πεφευγα
2 οτι εγενου η δεξια μου της σωτηριας και αντιλημπτωρ μου.
3 εκωλυσας τους μοι ανθισταμενους
4 και ουκετι ωφθησαν
επει το προσωπον σου μετ' εμου ην, ο τηι χαριτι σωσας με.

5 κατεφρονηθην δε και εξουδενωθην παρα πολλοις
  εγενομην εν οφθαλμοις αυτων ως απολωλως·
6 και εγενετο μοι κρατος παρα σου και βοηθεια.
7 λύχνον παρατεθηκας μοι εκ δεξιας μου και εξ αριστερας
  ινα μη τι καταστηι εν μοι αφωτιστον.
8 ημφιεσμαι το του πνευματος σου ενδυμα
  απηρας μου τους δερματινους χιτωνας
9 επει η δεξια σου με ανυψωσε
  και την αρρωστιαν μου απεστησας.
10 κραταιος εγενομην τηι αληθειαι
  και αμαχητος σου τηι δικαιοσυνηι
  εφοβηθησαν απ᾽ εμου παντες οι αντικειμενοι μοι
11 και εγενομην του κυριου ονοματι του κυριου
12 και δεδικαιωμαι τηι χρηστοτητι αυτου και η αναπαυσις αυτου
  εις αει· αλλ.

1 ερευγομαι δοξαν τωι κυριωι οτι αυτου ειμι
2 και λαλησω ωιδην αγιαν αυτου οτι η καρδια μου προς
  αυτωι εστι.
3 η γαρ κιθαρα αυτου εν χερσιν μου
  και ου μη ληξουσιν αι ωιδαι της αναπαυσεως αυτου.
4 βοησω προς αυτον απο πασης της καρδιας μου
  μεγαλυνω αυτον απο παντων των μελων μου·
5 οτι απο ανατολης εως των δυσμων η δοξα αυτου εστι
6 και απο νοτου εως βορρα αυτου ο επαινος
7 και απο κεφαλης των υψεων εως των εσχατων αυτου η
  τελειοτης.
8 τις ο γραφων τας ωιδας του κυριου
  η τις ο αναγιγνωσκων αυτας
9 η τις ο παιδαγωγων αυτου την ψυχην εις ζωην
  ινα λυτρωθηι η ψυχη αυτου;
10 η τις ο αναπαυομενος επι τωι υψιστωι
  ωστε λαλειν απο του στοματος αυτου;
11 τις δυναται ερμηνευσαι το θαυμαστον του κυριου;

12 επει δια δη τον ερμηνευομενον
λυομενος γενησεται ο ερμηνευομενος.
13 διαρκει γαρ γιγνωσκειν και επαναπαυεσθαι
οτι οι ψαλλοντες καθιστανται εν γαληνηι
14 ωσπερ ποταμωι εκ πλουσιας πηγης αναβρυοντι
και ρεοντι εις ωφελειαν των αυτον επιζητουντων· αλλ.

27

1 πλατυνω τας χειρας και αγιαζω τον κυριον (μου)
2 οτι εκτασις των χειρων μου το σημειον αυτου
και το ανακυπτον μου το ξυλον το ορθουμενον.

28

1 ωσπερ πτερα των περιστερων επι των νοσσιων
και το στομα των νοσσιων προς τωι στοματι αυτων
2 ουτως πτερα του πνευματος επι της καρδιας μου·
3 ευφραινεται η καρδια μου και (αγαλλιαται) σκιρται
ωσπερ βρεφος σκιρτων εν κοιλιαι της μητρος.
4 πιστευω δια τουτο επανεπαην
οτι πιστος εστιν εν ωι πιστευω.
5 ηυλογησε με και η κεφαλη μου παρ᾽ αυτωι
και μαχαιρα ου μεριει με απ᾽ αυτου ουδε ξιφος.
6 οτι παρεσκευασμαι προ του γενεσθαι την φθοραν
και ενηγκαλισμαι αυτωι χωρις διαφθορας·
7 και εξηλθε ζωη αθανατος και με εποτισε
και απ᾽ αυτης το πνευμα εν εμοι
και ου δυναται αποθανειν επει ζων εστι.
8 εθαυμασαν οι με ειδον οτι εδιωχθην
και ωιοντο οτι κατεποθην
οτι ενομισαν με ως τινα των απολωλοτων.
9 ο δε ονειδος μου σωτηρια μοι εγενετο.
εξουδενωμα εγενομην αυτων
οτι μισος ουκ ην εν εμοι·
10 διοτι παντα ευ εποιησα εμισηθην.

11 εκυκλωσαν με ως κυνες λυσσωντες
 οι δι' αγνοιας εις τους αυτων κυριους κατατρεχουσι
12 επει διεφθαρται αυτων η φρονησις και ηλλοιωται η διανοια.
13 εγω δε κυριε αντειχομην της δεξιας σου
 και την πικριαν αυτων υπεφερον τηι γλυκυτητι μου.
14 και ουκ απωλομην οτι ουκ ην αδελφος αυτων
 ουδε η γενεσις μου ως αυτων.
15 εζητησαν τον θανατον μου και ουχ ευρον (εδυναντο)
 οτι πρεσβυτερος ειμι παρα την μνημην αυτων
16 και ματην ηπειλησαν κατ' εμου.
17 και οι μετ' εμε γενομενοι διακενης
 μνημην του προτερου αυτων εξαλειψαι εσπουδασαν·
18 επει ου προκαταλαμβανεται η βουλη του υψιστου
 και η καρδια αυτου πασης σοφιας κρεισσων· αλλ.

29

1 ο κυριος η ελπις μου ου καταισχυνθησομαι εν αυτωι.
2 οτι κατα την δοξαν αυτου εμοι εποιησε
 και κατα την αγαθοτητα αυτου ουτω εδωκεν μοι
3 κατα το ελεος αυτου υψωσε με
 και κατα την μεγαλοπρεπειαν αυτου με ηρε·
4 ανηγαγε με εκ βαθους του αιδου
 και εκ στοματος του θανατου ερυσατο με.
5 εταπεινωσα τους εχθρους μου και εδικαιωσε με τηι χαριτι
 αυτου.
6 οτι επιστευσα εν χριστωι κυριου
 και εδοξεν μοι οτι αυτος ο κυριος.
7 και εδειξε μοι(?) το σημειον αυτου
 και ηγαγε με εν τωι φωτι αυτου·
 και εδωκεν μοι βακτηριαν του κρατους αυτου
8 καταδουλωσαι λογισμους εθνων και υβριν των δυνατων
 ταπεινωσαι·
9 του ποιειν πολεμον τωι λογωι αυτου
 και νικην αναλαβειν τηι δυναμει αυτου.

10 και εβαλε τον εχθρον μου ο κυριος τωι λογωι αυτου
εγενετο ως χνους φερομενος υπο ανεμου.
11 και εδωκα δοξαν τωι υψιστωι
οτι εμεγαλυνεν τον δουλου αυτου και υιον της παιδισκης
αυτου· αλλ.

30

1 αντλησατε υμιν υδατα εκ πηγης ζωσης του κυριου
οτι υμιν ανεωιχθη·
2 προσερχεσθε παντες οι διψωντες λαβετε ποτον
αναπαυεσθε επι πηγης του κυριου,
3 οτι καλη εστι και διαυγης και καταθυμιος.
μελιτος γαρ πολλωι ηδιω αυτης τα υδατα
4 και εγκριδες ου συγκρινονται αυτοις
5 επει απο χειλεων του κυριου προρεει
και απο καρδιας του κυριου το ναμα αυτου.
6 και ερχεται απεριγραπτος και αορατος
και εως αν εις μεσον ελθηι ου γιγνωσκεται.
7 μακαριοι οι πιοντες απ᾽ αυτης
και επ᾽ αυτηι αναπαυσαμενοι· αλλ.

31

1 ετακησαν εμπροσθεν κυριου οι αβυσσοι
και ηφανισθη ο σκοτος απο του ομματος αυτου
2 ελαθεν η πλανη και απωλετο απ᾽ αυτου
και η μωρια . . . .
και απο της του κυριου αληθειας κατεποθη.
3 ηνοιξε το στομα και ελαλησε χαριν και χαραν
και εφρασε δοξαν καινην τωι ονοματι αυτου·
4 ηρε την φωνην αυτου προς τον υψιστον
και προσεφερεν αυτωι τα τεκνα δι᾽ αυτου γενομενα.
5 και εδικαιωθη αυτου το προσωπον
οτι ουτως εδωκεν αυτωι ο αγιος πατηρ αυτου.
6 εξελθατε οι τεθλιμμενοι και δεχεσθε χαραν
κληρονομησατε την ψυχην υμων δια χαριτος
λαβετε αυτοις ζωην αθανατον.

7 κατεκριναν με οτε κατεστην
τον ουδεν τι υπευθυνον·
(εμερισαν) διεδιδοσαν τα σκυλα μου
ουδεν οφειλοντος αυτοις.

8 εγω δε υπεμεινα δια σιωπης επεχομενος
του μη σαλευθηναι υπ' αυτων

9 αλλα εμεινα αμετακινητος ως πετρα εδραια
πλησσομενη υπο των κυματων και ασαλευτος.

10 ηνεγκον την πικριαν αυτων δια ταπεινοτητα

11 ινα λυτρωσω τον λαον μου και κληρονομησω
και μη καταργησω τας προς τους πατριαρχας επαγγελιας
ας επηγγελκα εις λυτρωσιν του σπερματος αυτων· αλλ·

32

1 τοις μακαριοις χαρα εκ της καρδιας αυτων
και φως εκ του εν αυτοις ενοικουντος

2 και λογος εκ της αυτοαληθειας (αληθ. αυτοφυους)·
οτι εδυναμωθη τηι αγιαι του υψιστου ισχυι
και ασαλευτος εσται εις αιωνας. αλλ.

33

1 εδραμεν αυτις η χαρις και αφηκεν εις την φθοραν
κατεβη εις αυτην ινα αυτην καταργησηι

2 και απωλεσε την απωλειαν εμπροσθεν αυτης
και διεφθειρε πασαν την καταστασιν (od. συστημα) αυτης.

3 εστη επι κεφαλης υψηλης και αφηκε την φωνην
απ' αρχων της γης εως εσχατων αυτης

4 ειλκυσατο προς αυτην παντας τους αυτης υπακουοντας.
και ουκ εφανη ασχημων (αργος, χαυνος, ραθυμος, αμελης)

5 αλλ' εστη παρθενος τελεια
κηρυττουσα και κραζουσα·

6 υιοι ανθρωπων επιστρεψασθε
και θυγατερες αυτων προσελθατε.

7 καταλειπετε οδους της φθορας ταυτης και προσεγγισατε μοι
εισερχομαι εν υμιν και εκ της απωλειας υμας εξαξω·

8 διδαξω υμας τας οδους της αληθειας
   ου μη φθαρησεσθε ουδε απολεισθε.
9 ακουετε μου και σωζεσθε
   οτι χαριν του θεου λαλω εν υμιν
   και δι᾽ εμου λυτρωθησεσθε και μακαριοι καταστησεσθε.
10 εγω ειμι η δικη υμων
   και οι με ενδυσαμενοι ου μη αδικηθησονται (ζημιωθησονται)
   αλλα τον καινον κοσμον τον αφθαρτον κτησονται.
11 οι εκλεκτοι μου εν εμοι περιπατειτε
   και τας οδους μου γνωρισω τοις με ζητουσι
   και καταθρασυνω αυτους επ᾽ ονοματι μου· αλλ.

34

1 ουκ εστιν οδος σκληρα οπου η καρδια απλη
2 ουδε πληγη εν ορθοις λογισμοις
3 ουδε καταιγις εν βαθει φωτεινης διανοιας·
4 οπου περικειται πανταχοθεν τα κρεισσονα
   ουκ ενι τι μεμερισμενον·
5 παν γαρ ανω εστι
   κατω δε ουκ εστι τι αλλ᾽ δοκει κατ᾽ οιησιν τοις φρονησιν
                            ουκ εχουσιν.
6 η χαρις απεκαλυφθη εις την σωτηριαν υμων
   πιστευετε και ζησατε και σωζεσθε· αλλ.

35

1 δροσον του κυριου κατ᾽ αναπαυσιν εμου κατεσταξε
2 και νεφελην της ειρηνης υπερ της κεφαλης μου εστησε·
   παρετηρησε με διαπαντος 3 εν σωτηριωι εγενετο μοι.
   εσαλευθη παν και εταραχθησαν
4 εξεπορευθη αυτων καπνος και κατακριμα.
   καγω αθορυβος εγενομην (ηυθηνησα) ρηματι κυριου.
5 και κρεισσων σκιας (στεγης?) εγενετο μοι και υπερ θεμελιον·
6 ως βρεφος υπο της μητρος ηνεχθην
   και εγαλακτισεν με ο δροσος του κυριου
7 και ηυξηθην αυτου ται δοματι
   και τηι τελειοτητι αυτου ανεπαυσαμην·

8 εξετεινα τας χειρας εν αναγωγηι της ψυχης μου
και κατευθυνα προς τον υψιστον και εσωθην προς αυτον·
αλλ.

36

1 ανεπαυσαμην επι πνευματι του κυριου
και εις υψος με ηρε
2 εστησε με επι των ποδων εν υψει κυριου
ενωπιον της τελειοτητος αυτου και δοξης
επαινουντα εν συμφωνιαι των ωιδων αυτου.
3 εγεννησε με προ προσωπου του κυριου
ανθρωπος ων ωνομασμαι φωτεινος(?) υιος του θεου
4 δεδοξασμενος εν τοις ενδοξοις
και μεγας εν τοις μεγιστασι.
5 οτι κατα την μεγαλοτητα του υψιστου ουτως με εποιησε
και κατα την ανακαινωσιν αυτου με ανεκαινισε
και απο της τελειοτητος αυτου με εχρισεν.
6 εγενομην εις των αυται πλησιαζοντων
και ανεωιχθη το στομα μου ως νεφελη δροσου
7 και ανεβλυξεν η καρδια μου ως αναβρασμον δικαιοσυνης
8 και εγενετο η προσαγωγη μου εν ειρηνηι (γαληνηι)
και εστερεωθην πνευματι της καθηγησεως (οικονομιας) αυτου·
αλλ.

37

1 εξετεινα τας χειρας προς τον κυριον μου
και προς τον υψιστον την φωνην μου υψωσα
2 και ελαλησα χειλεσι της καρδιας μου
και ηκουσε μου της φωνης παρ᾽ αυτωι πιπτουσης.
3 ο λογος αυτου ηλθε προς με
ος εδωκεν μοι των πονων μου τους καρπους
και παρεστησε μοι αναπαυσιν χαριτι του κυριου. αλλ.

38

1 ανεβην εις το φως της αληθειας ως εφ᾽ αρματος

2 ηγειτο μοι η αληθεια και ηγαγεν με
παρεκκλινουσα βοθρους και οπας
και πετρων και κυματων με απεστησε

3 και εγενετο μοι λιμην σωτηριας
εθηκεν με εν αγκαλαις ζωης αθανατου.

4 ηλθεν μετ' εμου και ανεπαυσε με
ουκ αφηκε με πλανασθαι επει αληθεια ην,

5 και ουκ υπηρχε μοι κινδυνος μετ' αυτης περιπατουντι

6 και ουκ επλανηθην τι οτι αυτης υπηκουσα.
απεφυγε γαρ αυτην η πλανη
και ουκ επεξηιει αυτηι.

7 η δε αληθεια την ευθειαν οδον μετηλθε

8 και παν οτι ουκ ηιδειν εδηλωσεν μοι
παντα τα φαρμακα της πλανης και τας πληγας του θανατου·

9 τον ολεθρευτην της διαφθορας ειδον
κοσμουμενης της νυμφης της διεφθαρμενης
και του νυμφιου(?) του διαφθειροντος και διεφθαρμενου.

10 ηρωτησα την αληθειαν τινες ουτοι
και απεκρινατο μοι ουτοι ο πλανος και η πλανη

11 μιμουνται τον αγαπητον και την νυμφην αυτου.
απατουσι τον κοσμον και διαφθειρουσι

12 καλουσιν πολλους εις γαμους

13 και διδοασιν αυτοις οινον της μεθης αυτων
και εξεμουσι αυτων την τε σοφιαν και τους φρενας
ποιουσιν αυτους αφρονας

14 και τοτε αφιασιν αυτους·
εκεινοι δε ρεμβαζονται λυσσωντες και ανοοι
ουκ εχοντες καρδιαν επει ουδε ζητουσιν αυτην.

15 και εσωφρονισθην οτι ουκ επεσον εις χειρας του πλανου
εχαρην κατ' εμαυτον οτι η αληθεια μετ' εμου επορευθη.

17 και ετεθη μου τα θεμελια(?) επι χειρος του κυριου,

18 οτι αυτος με εφυτευσεν·
αυτος γαρ εθηκε την ριζαν (του φυτευματος)
ηρδεν αυτο και ηυτρεπιζε και ηυλογει·
και οι καρποι αυτης εις αιωνα γενησονται.

19 προεκοψεν εις βαθος και εις υψος και εις πλατος
επλησε και ηυξηθη.
20 εδοξασθη κυριος μονος επι φυτευσει αυτου και εργασιαι
επι τηι επιμελειαι αυτου και ευλογιαι των χειλεων(?) αυτου,
21 επι τηι φυτειαι εκπρεπει της δεξιας αυτου
και επι καλλει της φυτειας αυτου
και επι νοηματι της βουλης αυτου. αλλ.

39

1 ποταμοι ισχυροι το κρατος του κυριου
2 και τους καταφρονουντας αυτου καταφερουσιν επι κεφαλην
3 και τας βασεις αυτων κωλυουσι (εμπεδωσι)
και διαστρεφουσιν την διαβασιν αυτων
αρπαζουσιν αυτων τα σωματα και τας ψυχας διαφθειρουσι
4 οτι οξυτεροι εισιν αστραπου και θαττονες.
5 οι δε διαβαινοντες αυτους εν πιστει ου σαλευθησονται
και οι βαδιζοντες εν αυτοις αμωμοι ου μη φοβηθησονται
επει επ' αυτοις το σημειον του κυριου
6 και το σημειον εσται οδος των εν ονοματι του κυριου
διαβαινοντων.
7 ενδυσασθε ουν ονομα του κυριου και επιγνωτε αυτον
και διαβησεσθε ανευ κινδυνου των ποταμων υμιν πειθομενων.
8 εγεφυρωσεν (εζευξεν) αυτους ο κυριος τωι λογωι αυτου
και διεβη αυτους κατα ποδας
9 και τα ιχνη αυτου διαμενει επι των υδατων αφθαρτα
ως ξυλον εστηριγμενον στερεως·
10 ενθεν και ενθεν επανασταντα ηρθη τα κυματα
ιχνη δε του κυριου ημων Χριστου διαμενει
και ουκ εξαλειφεται ουδε αφανιζεται.
11 και ετεθη οδος τοις μετ' αυτον διαβαινουσιν
και σπουδαζουσιν αναστροφην της πιστεως αυτου
τωι δε ονοματι αυτου λατρευουσιν· αλλ.

40

1 ωσπερ αποσταζει το μελι απο των κηριων
2 και γαλα πηγαζεται απο γυναικος φιλοτεκνου

3 ουτως και η ελπις μου επι σε ο θεος μου·

4 ωσπερ αναβλυζει η πηγη τα υδατα

5 ουτως ερευγεται η καρδια μου την δοξαν του κυριου
   και τα χειλη μου εκβαλλει αυτωι επαινον
   και η γλωσσα μου τας ωιδας αυτου·

6 φαιδρυνεται το προσωπον μου εν αγαλλιασει αυτου
   και σκιρται το πνευμα μου επι τηι αγαπηι αυτου
   και η ψυχη μου λαμπεται εν αυτωι.

7 ο φοβουμενος(?) επ' αυτωι πεποιθε
   η σωτηρια εν αυτωι στερεωθησεται (στηριχθησεται)

8 το κερδος αυτου ζωη αθανατος
   και οι υποδεχομενοι αυτην χωρις φθορας εισιν· αλλ.

41

1 δοξαζοντων των κυριον παντα τα τεκνα αυτου
   και υψουντων το αληθες της πιστεως αυτου

2 και γνωσθεντων παρ' αυτωι οι υιοι αυτου·
   δια τουτο αιδωμεν εν τηι αγαπηι αυτου.

3 ζωμεν εν κυριωι τηι χαριτι αυτου
   και ζωην υποδεχομεθα εν τωι χριστωι αυτου.

4 οτι μεγαλην ημεραν ημιν ανετειλε
   και θαυμαστον οτι ημιν της δοξης αυτου μετεδωκεν.

5 συμφωνησωμεν ουν παντες αθρως επι του ονοματος του
                    κυριου
   και τιμησωμεν αυτον επι τηι αγαθοτητι αυτου

6 λαμψατω το προσωπον ημων εν φωτι αυτου
   μελετωντων αι καρδιαι ημων εν τηι αγαπηι αυτου νυκτος
                    και καθ' ημεραν

7 σκιρτησωμεν αγαλλιασει του κυριου.

8 θαυμασθησονται παντες οι με ορωντες
   οτι εκ γενους αλλου ειμι·

9 ο πατηρ γαρ της αληθειας μνειαν εμου εποιησατο
   ος εκτησατο με απ' αρχης.

10 οτι ο πλουτος αυτου με εγεννησε
   και η βουλη της καρδιας αυτου.

11 ο λογος αυτου μεθ' ημων εν πασηι οδωι ημων
12 σωτηρ ζωοποιων και ουκ εξουδενων τας ψυχας ημων,
13 ο ανηρ ος εταπεινωθη και υψωθη εν τηι δικαιοσυνηι αυτου.
14 ο υιος του υψιστου εφανη εν τελειοτητι του πατρος αυτου
15 και το φως ανετειλεν εκ του λογου ος απαρχης εν αυτωι
                                                        υπηρχεν.
16 ο Χριστος επ' αληθειαι εις εστιν και εγνωσθη προ καταβολης
                                                        κοσμον
17 ινα ζωοποιηι τας ψυχας εις αιωνα
    αληθειαι του ονοματος αυτου·
    επαινος καινος απο των αγαπωντων αυτον· αλλ.

42

1 εξετεινα τας χειρας μου και προσηγγισα των κυριωι μου
2 οτι εκτασις των χειρων αυτου σημειον εστι
3 και το ανακυπτον μου το ξυλον το ορθουμενον. —
4 εγενομην αχρηστος τοις μη αντεχομενοις μου
    και γενησομαι προς τους με αγαπωντας.
5 απεθανον παντες οι με καταδιωκοντες
    και εζητησαν με οι νομιζοντες οτι ζων ειμι
6 ανεστην και μετ' αυτων ειμι και εν στομασιν αυτων λαλω
7 οτι εβδελυξαντο(?) τους διωκοντας αυτους.
8 επεβαλον επ' αυτους τον ζυγον της αγαπης μου·
9 ωσπερ βραχιων του νυμφιου επι της νυμφης
10 ουτως ο ζυγος μου επι των με γιγνωσκοντων
11 και ωσπερ η κοιτη(?) εκτεταμενη εν τωι νυμφωνι(?)
12 ουτως η αγαπη μου επι των εν εμοι πιστευοντων.
13 ουκ εξουδενωθην καιπερ ωιηθησαν
14 ουδε απωλομην καιπερ εφροντισαν περι εμου.
15 ο αιδης ειδε με και εναυτιασε
16 και ο θανατος εξημεσε με και πολλους μετ' εμου.
17 οξος και χολη εγενομην αυτωι
    κατεβην καθοσον εχωρησεν αυτου το βαθος·
18 τους τε ποδας και την κεφαλην ανηκε
    επει ουκ ισχυσατο το προσωπον μου υπομειναι.

3*

19 και εποιησα συναγωγην ζωντων εν τοις νεκροις αυτου
ελαλησα αυτοις εν χειλεσι ζωσι

20 ινα μη αργηι ο λογος μου.

21 προσεδραμον μοι οι αποθανοντες
και εκραζον λεγοντες ελεησον ημας υιε του θεου
ποιησον ημιν κατα την χρηστοτητα σου

22 εξαγε ημας εκ των δεσμων του σκοτους
και ανοιξον ημιν την θυραν ηι προς σε εξελευσομεθα.

23 ειδομεν γαρ οτι ουκ εγγιζει σοι ο θανατος ημων

24 σωθειημεν και ημεις μετα σου
οτι συ ημων ο σωτηρ.

25 εγω δε εξηκουσα την φωνην αυτων
και εσημειωσα επι της κεφαλης αυτων το ονομα μου

26 οτι απελευθεροι εισι και οικειοι μου· αλλ.

Im Folgenden gebe ich die Stellen an, an denen ich den Text in der Übersetzung geändert habe; geringere Versehen des Syrers — Fehlen der diakritischen Punkte im Plural, die häufige Verwechselung von ܘܗ und ܘܗ und derartiges — führe ich nicht an.

3,12 Das ܕ vor ܡܠܬܐ ist schwierig, ich habe es in der Übersetzung nicht beachtet und man läßt es am besten weg.

4,13 Die Form ܐܬܥܠܝ kommt natürlich von ܥܠܐ.

6,3 schlägt Schultheß (S.) vor ܡܪܝܡ ܘܡܩܝܡ zu lesen für ܡܩ ܕ.

6,9 lies mit dem Kopten ܚܢܦܐ für ܚܠܦܐ.

6,16 wird wohl Harris (H) mit παρεσει für παρουσιαι recht haben.

7,4. Das erste Wort gehört zum vorhergehenden Verse.

7,8 für das sinnlose ܐܬܚܫܒ lese ich ܐܬܚܫܒ.

7,12 las Nestle vortrefflich ουσια für das ϑυσια des Griechen.

7,16. ܡܢܗ ist unverständlich, das Pronomen ist zu streichen.

7,17 ist zu lesen ܘܗܝ für ܘܗܝܬ; das Subjekt ist wie oft von dem Übersetzer falsch ergänzt, es ist λογος.

7,18. Merkwürdig, daß alle Erklärer das ܡܚܝ nicht verstehen; es ist doch nicht dasselbe wie ܡܚܝܠܬܐ!

7,19 ܕ vor ܡܛܠܠܗ ist zu streichen.

7,21 ܠܝܢ ist nicht = ܣܦܩ!

7,27. An dem überlieferten Texte ist kein Anstoß zu nehmen, es ist freilich kein elegantes Syrisch. Die erste Hälfte enthält das Subjekt, die zweite das Prädikat; ܠܐܘ — ܠܐܘ korrespondieren wie griech. μητε—μητε.

8,3 liest H. wohl richtig ܠܡܚܫܠܘ für ܠܡܚܫ; S. Vorschlag zu lesen ܡܚܫܘ ist keine Verbesserung.

8,20 ܚܒܕܝ = meine Knechte!

8,22 für ܘܐܬܠ lies ܘܐܬܠ, oder besser mit Diettrich (1911) ܘܐܠܐ.

8,25[b] ܐܘܪܠ?

9,7[b] für ܝܒܚܣܕ liest Wellhausen (W) ܝܒܚܣܕ.

9,9[a] die drei ersten Worte, die im Zusammenhang ganz verloren dastehen, sind die Erinnerung eines Lesers an ψ 20,4. Der Inhalt dieses Psalmes hat sicher auf die Ode eingewirkt. Das folgende Wort beginnt man dann besser ohne ܘ.

9,11 natürlich ist ܗܪܘܝ zu lesen; das ist aber keine Konjektur von H, wie S. meint, sondern die Überlieferung.

9,13 für ܝܪܚܠ lese man ܝܚܠܣ; im Folgenden hat der Syrer das latente Subjekt des Griechen wie oft falsch bezogen. Das Subjekt ist nämlich „Er" d. h. Gott.

10,3 Die Handschrift hat richtig ܢܐܩܚ cf. H. unter Errata.

10,7[a]. kann so unmöglich richtig überliefert sein. Ich vermute, wie ich übersetzt habe, griechisch και ουκ εμιανθη εν etc., das verschrieben wurde in και ουκ εμιανθην —; das im syr. eingesetzte ܘܠܐ hat dann die Umwandlung des Pronomens in ܚܒܣܗ bewirkt.

11,4[a]. Die vier ersten Worte zieht man wohl besser zu v 3, vgl. 7,17.

11,8 ist von den Übersetzern falsch verstanden; der Sinn ist: meine Trunkenheit war nicht die Tr. der αγνοια vgl. die Erklärung.

11,10 für das seltsame ܣܠܠ lese ich ܣܠܠ vgl. 7,7.

11,17[a] die vier ersten Worte: alle deine Werke sind gut, sind als Glosse zu streichen.

11,19 ܐܣܙܗܐ ܪܘܐ ist wohl als adverbieller Ausdruck zu fassen; Prädikat des Satzes ist ܪܠܣ.

11,21 S. sehr gut ܠܠ für das überlieferte ܠܐ.

12,4 schlage ich vor ܣܐܚ̈ܣ etc. als Singulare zu lesen und auf den λογος zu beziehen, der dadurch eine Aussage bekommt; sonst ist der Inhalt zu dürftig.

12,6 für ܝܒ ist ܝܒܣ zu lesen, wie auch W. hat.

12,7[a] ܚܚܚܘ? 13,1 das ܐܣܠ des Syrers geht auf die Augen; er hat das αυτους des Griechen mißverstanden.

14,6[a]. Die drei ersten Worte zieht man besser zu v 5; danach liest man besser ܣܘܐܠܣ ohne ܘ.

16,1. Der Text im zweiten Teil des Verses kann unmöglich richtig sein und die bis jetzt vorgeschlagenen Änderungen auch nicht. Das Ziehen des Schiffes ist gewiß nicht Sache des Steuermannes, aber ebensowenig gibt der Mastbaum ܠܪܡܐ, den S. hereinbringen möchte, ein passendes Objekt ab für den κυβερνητης; der gehört trotz aller Reden, er sei nicht immer Steuermann, an das Steuer. Es liegt das gr. ΟΙΛΚΕΣ zu Grunde, das vom Syrer etwa ΟΛΚΛΣ verlesen wurde, daher sein ܠܡܪܘܗܝ.

16,2 das zweite ܠܩܕܡܝܐ ist zu Unrecht an das erste angeglichen worden; man muß lesen und abteilen ܘܡܐ ܠܩܕܡܝܐ ܐܠܐ ܠܝ.

16,3 Subj. zu ܢܣܒ ist das Herz.

16,7—8 sind als Objekt zu ܐܘܕܥܝ v 5 zu fassen.

16,9ᵇ verstehen die Kundigen nicht, weil sie das qal ܢܩܠ nicht kennen. Dies Verbum entspricht dem griech. στοχαζεσθαι, beim Schuß die Entfernung nach dem Ziel bemessen, ungefähr abwägen, berechnen. Diese Bedeutung kannten schon LXX, die es cant. cant. 5,11 mit εκλογιζεσθαι wiedergeben. Von dieser Grundbedeutung sind übrigens die anderen daggâlâ etc. zu entwickeln, nicht von der angeblich im Arab. vorhandenen eingebildeten Bedeutung „überdecken". Das Wort kommt nach meinen Notizen in dieser Bedeutung vor in den acta mart. et sanct. (Paris 1890ff) Bd. II S. 76,3 mit ܢܩܠ = zielen ibid. 262,8. 350,8 (von unten).

16,11ᵇ lies entweder ܚܡܬܐ und streiche ܚܡܐ oder behalte dieses und streiche ܚܡܬ.

17,4 schlägt Gunkel (G) trefflich vor ܚܠܡܘܗܝ zu lesen.

17,7ᵃ die drei ersten Worte sind Glosse, wahrscheinlich Erinnerung eines Lesers an irgend einen Psalm, parallel zu v 6ᵃ: ܘܣܐܡܝܢ ܠܗ.

17,8. Wenn man mit G. für ܘܩܠܬܗ liest ܩܠܬܗ zerstört man das Verständnis der ganzen Ode.

17,9. Die Worte ܬܠܝ ܕ ܝܒܫܝ ܕ ܐܠܬܝ sind ganz unverständlich. Man könnte daran denken die Worte zu streichen, aber der Dichter der Oden liebt solche Wiederaufnahme desselben Wortes (vgl. 11,3 f.) und dann müßte man auch ܘܐܬܦܪܫ lesen. Es ist mir nicht zweifelhaft, daß in dem sinnlosen ܐܠܝ eine Form von ܐܠܝ, etwa ܐܠܝ steckt, das bekanntlich das Wallen und Brausen wie ܢܠܝ bezeichnet; das hier vorliegende Bild ist notwendig, denn es bereitet den Ausdruck ܐܠܗܝ vor.

18,1 ܚܡܪ ܥܡܗ? S. und andre schlagen vor ܟ ܥܡܗ.

18,15[b]. über ܣܪܝܒܐ fehlt bloß das Pluralzeichen!

19,6. Das überlieferte ܥܠܬ könnte nur von ܠܥܬ, einziehen (vgl. das arab.) fangen kommen, aber der Ausdruck wäre recht seltsam. Das vortreffliche Hilfsmittel, das uns hier die lat. Übersetzung dieser Stelle (bei Lact. instit. divin. IV, 12) bietet, hat seltsamerweise niemand benutzt. Dort heißt es: infirmata est uterus etc. Das lat. infirmata est ist aber das syrische ܥܠܬ (hebr. עֻלְּפָה) und beide gehen zweifellos zurück auf griechisches ἐξελύϑη η. κ.; ἐκλύεσϑαι ist der gebräuchliche Ausdruck für Umkommen vor Hunger.

19,8 die fünf ersten Worte des Verses sind als Glosse zu streichen; so töricht sie lauten hat doch ihr Verfasser eingesehen, um welche Art von Geburt es sich in dieser Ode handelt.

20,5. Jemand, dessen Namen ich vergessen habe, liest mit Recht ܪܘܫܐ für ܪܘܡܐ.

21,1. für ܡܗܐ, das für diese Situation nicht paßt, lese man ܡܗܐ.

21,5. Es ist nicht nötig, wie S. vorschlägt, ܚܕܝܢ zu lesen für das überlieferte ܚܕܝܢ, das griech. ποιειν ist in dieser abgeblaßten Bedeutung mir bekannt, während ܚܕܝܢ nicht recht paßt.

22,5 ܘܐܡܠܟ; ܗܕܠ ܗܘ! Das syr. ܘܐܡܠܟܬ ܗܝ wird durchgängig mißverstanden; davon, daß er ihn auf die Wurzel treten läßt liegt nichts in dem Ausdruck, vgl. d. Kommentar.

22,6 ist mit dem Kopten ܚܡܣ für ܠܐܡ und ܚܙܘܝ für ܚܙܘ zu lesen (S).

22,11. ܘܩܠܝܘܡ gehört entschieden zu dem Folgenden; das ist aber nicht zu übersetzen: Du hast Deine Person in die Welt in's Verderben hinein gebracht (S), sondern: d. h. sie in d. W. gebracht zum Verderben, nämlich für sie, wie im Folgenden ausgeführt wird, vgl. auch 42,18[b]. Man muß freilich wissen, was die „Welt" hier ist.

22,12 ist das überlieferte ܐܘܗܘܐ nicht zu verändern und fraglos zu übersetzen „ich wurde"; weder es (das Reich) noch er (der Fels) geben als Subjekt einen Sinn.

23,18 das überlieferte ܐܙܘ ist nicht möglich, lies etwa ܐܘܙܝ; W. liest ܐܘܙܠ. In der zweiten Hälfte des Verses lies ܐܠܚܝ.

24,3 Mit dem überlieferten ܐܠܡܣܐ ist ebenso wenig etwas anzufangen wie mit dem verbesserten ܐܠܝ; vielleicht ist ܐܠܠܡܣܐ zu lesen und dann im folgenden besser ܘܐܝ für ܘܐܘ.

25,4 lies mit dem Kopten (S) ܐܣܘܠ für ܐܣܘܝ.

25,5 für das sinnlose ܐܕܠ schlage ich vor ܐܕܡܝ zu lesen.

25,8 lies mit S. ܘܣܡܠ für ܡܣܠ.

25,10 für das im Zusammenhang inhaltslose ܘܣܡܠ lies ܘܣܡܟ.

26,7 lies ܘܣܡܟܠ ohne das Pronomen.

26,12 ist von den Übersetzern falsch verstanden, weil ܡܕܚܝ = ܡܕܠܝ zu lesen ist.

27,1. ܘܣܝܟ soll bedeuten heiligte mich oder heiligte sie (die Hände) Gott! ܘܣ ist nach bekanntem semitischen Sprachgebrauch wie αγιαζειν eigentlich etwa sagen: αγιος αγιος αγιος etc., dann überhaupt erheben, preisen vgl. Afraates ed. Wright S. ܣܝ Zeile 10: ܠܪܣܚܝ ܡܣܡܗܣ ܡܣܙܠ. Auch das Folgende hat man nicht verstanden. Es ist vom Gebet die Rede, das mit solchen Worten des αγιασμος beginnt. Die körperlichen Bewegungen beim Gebete bestehen bekanntlich aus dem ܐܠܣܣܟ, dem sich grade ausstrecken und dem ܘܘܠܟ, dem sich krümmen; ich habe mir notiert acta mart. et sanct. (Paris 1890 ff.) IV. 631. 614. 539. Diesen Akt resp. diesen Zustand meint der Dichter mit ܠܣܝܟ v. 3 und vergleicht ihn mit dem Kreuzesstamme, während die ausgebreiteten Arme das Querholz symbolisieren. Joh. Clim. scala M. 88. 900 C: σταυρωσον χειρας ακινητως!!

28,1. ܐܩܝ ܘܩܟ — ܠܘܘܝ ܘܩܟ! d. h. das ursprüngliche ܘܘ ܘܩܟ etc. wurde zu der gebräuchlicheren Verbindung mit ܝ umgewandelt, wobei der constructus unverstanden stehen blieb.

28,6 ܠܝܟܝ lies mit S. ܠܝܟܠܝ; das von ihm vorgeschlagene ܠܝܟ ist keine Verbesserung.

28,7 lies ܘܣܡܣܟ lies ܐܣܟܠ oder ܐܣܝ.

28,13 lies مرنا für das sinnlose مننا und حمسبر für حمدـ. Nachdem einmal das مرنا in منا entstellt war, hat man das Pronomen von حمسبر an ٱل angeglichen, vgl. 10,7.

28,10 S. möchte wohl das überlieferte اصحنسا in اصحلل verändern; aber dazu ist kein Grund vorhanden, zumal dem Dichter ψ 108 v. 5 vorschwebt.

29,5. Will man nicht mit W. همبر lesen, so muß man das überlieferte همبسا wenigstens übersetzen: ich erniedrigte.

29,7 lies حلܠ für ܥܠ.

29,8 lies اهحمر; für 'ܐܠܘ.

30,5ᵇ. Das überlieferte همحا ist mir unverständlich; der Fehler scheint im Griech. zu stecken, ich lese τo ναμα statt τo oνoμα.

31,2 lies حܘحا statt احܘحا?

31,4 احܘحܠܒ; ܘܗܘ heißt nicht: die in seinen Händen waren!

33,1. Mit حححا ist natürlich im Zusammenhang nichts anzufangen. S. möchte das Wort in حححا verwandeln, aber dieser Ausdruck paßt nicht für das Auftreten der χαρις gegen die φθορα. Der griechische Text hatte αφηκε das der Syrer zu Unrecht auffaßte: sie ließ los (v. 3) während es heißt sie kam an.

33,2 ff. hat der syrische Übersetzer völlig mißverstanden, indem er das latente Subjekt zu den griechischen Zeiten falsch ergänzte. Als Subjekt kann selbstverständlich nur die χαρις in Betracht kommen, erst dadurch bekommt das unverdauliche Stück v. 2—4 Anschluß und Sinn. Dem syrischen محܘحܘܪ ܘ v. 2 braucht im Griech. kein das Subjekt verratendes Pronomen zu Grunde zu liegen.

33,4ᵇ gehört mit 5ᵃ zusammen als ein Satz; das syrische حسܐ ist nicht „bös", sondern kann sehr verschiedenen griech. Worten (ασχημων, ατονoς etc.) entsprechen.

34,4—5. Hier liegt eine störende Glosse vor, die das Verständnis falsch geleitet hat. Die Worte ܘܗܝ; ܡܘܐܠܠ; bis ܠܠܠܟ; 5ᵃ sind zu streichen. Die betr. Worte nämlich in v 4ᵇ sind offenbar Erklärung zu dem ihnen unmittelbar vorhergehenden, während die Worte in 5ᵃ ܡܘܐ; in 4ᵃ erläutern wollen. Diese Worte sind vom Rand in den Text gedrungen und dort falsch eingesetzt.

35,1. ܐܙܠ ist afel von ܐܙܠ; das qal kommt auch vor, wenn auch die Wörterbücher kein Beispiel anführen. Ich lese es z. B. in den Gebeten des Mar Balai bei Overbeck Ephraemi .syri. al opera S. 332,17. Die Stelle ist ähnlich wie unsere und mag deshalb hier stehen: ܐܙܠ ܚܙܘܐ ܬܥܒܕܐ ܕܣܘܥܪܐ, ܗܪܐ.

35,4. könnte man lesen ܐܠܐ ,ܪܗܛܐ; für das überlieferte ܚܠܒܡܢܗ liest W. trefflich ܚܠܒܡܢܗ.

36,1. Die Auffassung und Übersetzung: ich ließ mich wieder auf den Geist des Herrn etc. ist nicht richtig; vgl. die Erkl.

36,4 erfordert den Zusammenhang ܕܡ ܡܦܓܝܢ ܚܡܥܡܕܗ ܠ.

36,5 das Subjekt von ܚܒܪܝܠܘ ist vom Syrer falsch erfaßt.

38,1 In ܐܒܪ, ܒܥܠܕܒܒܐ liegt sicher ein Fehler der syr. Übersetzung vor (G).

38,2 lies mit Ungnad ܘܕܚܠܬܗ.

38,8 liegt wieder eine störende Glosse vor. Man will für das Überlieferte ܕܫܝܘܠܐ, lesen ܕܫܝܘܠܐ, ohne aber dadurch einen annehmbaren Sinn zu bekommen; denn zu übersetzen: „Die Plagen, die als Schrecken des Todes gelten" — erlaubt nicht jedem sein philologisches Gewissen', abgesehen davon, daß es dann auch ܕܫܝܘܠܐ,, zum mindesten heißen müßte. Das überlieferte ܫܝܘܠܐ, ist richtig; aber die Worte von ܘܗܘ an bis ܘܚ sind die Bemerkung eines Lesers zu ܓܝܪܐ, die vom Rand in den Text kam und zwischen die zusammengehörigen Worte ܡܘܬܐ, ܘܡܠܬܝܪ mitten inne geschoben wurde!

38,19 Ich sehe nicht recht ein, warum das Subj. zu den drei ersten Verben nicht wie bei den letzten die Wurzel oder der Baum sein kann; grammatisch unmöglich (S) erscheint es mir nicht.

38,20[b] In das Bild würde es besser passen, wenn für ܕܣܘܥܐܝܠܐ dastünde ܕܣܘܥܠܐ,; aber bei der saloppen Bildersprache kommt man zu keiner Entscheidung.

38,21 lies ܕܚܒܡܣܝܘܐܠܐ.

39,5[b] ܡܝܢܐ allein ist etwas hart im Ausdruck, liés ܪܙܝܐ.

41,1 ܣܡܣܡܘ ist eingestandenermaßen falsch, aber weder ܘܪܝܘ noch ܚܪܡܒܘ befriedigt recht. Das Wort ist verschrieben für ܡܡܣܘ, für dessen Gebrauch in diesem Sinne es genug Beispiele gibt.

42,1—3. Zunächst ist zu beachten, daß diese Verse gar nicht zu der folgenden Ode gehören; diese beginnt mit ܠܗܘ v. 4, das um den Anschluß zu finden, ein ܘ vor sich bekam. Die Gründe für die Abtrennung dieser Verse liegen bei einigem Nachdenken auf der Hand. Der Text in diesen Versen ist aber auch nicht intakt, wie die seltsamsten Übersetzungen beweisen. Freilich, der Vorschlag von G. ܐܬܕܡܝܬ = ܐܬܕܡܝܬ zu fassen, bringt uns nicht weiter. Die Schwierigkeit liegt in v 3, hier ist der Text nicht in Ordnung und die bisherigen Verbesserungen sind nicht glücklich. Es ist nämlich dieser Vers ganz wie 27,3 zu lesen: ܟܘܠܗܘܢ ܡܢܗ ܕܐܝܬ und die anderen Worte als Glosse zu streichen. In diesen Worten wird nämlich der Ausdruck ܐܬܬܠܝܬ für die, die ihn nicht verstehen, richtig erklärt, indem uns gesagt wird, was ܬܠܝܬ bedeutet: ܘ ist hier der, der wie „Er" hängt, gestreckt ist. Nachdem diese Erklärung in den Text eingedrungen war und die zusammengehörigen Worte ܡܢܗ ܕܐܝܬ gesprengt hatte, wurde das letzte Wort des Textes unter dem Einfluß des vorhergehenden Pronomens in ܐܝܬܘܗܝ in den stat. emphaticus verwandelt.

42,11. ܓܢܘܢܐ scheint hier nach dem Ausdruck ܡܫܟܒܐ zu schließen das Brautlager zu sein.

42,18. Die allgemeine Auffassung: Füße und Haupt wurden ihm schlaff" ist falsch. ܐܬܦܝ ist ungefähr soviel wie ܐܬܠ und Haupt und Füße ist ein Ausdruck für den Erlöser und seinen Anhang; ܐܬܦܝ entspricht ganz dem hebr. חרפה. Diese Angabe gehört zur Vervollständigung des mit v. 17 begonnenen Bildes; v. 19 ff. wird ganz derselbe Vorgang in einem anderen Bilde dargestellt.

Ode 17.

Gott hat mich als Sieger gekrönt und mich vor ihm gerecht gemacht, meine Erlösung ist dadurch unzerstörbar geworden. Die Bande der ματαιοτης, der „Dienst des vergänglichen Wesens", die γηινοι δεσμοι sind gelöst, ich bin nicht mehr dem Irdischen untertan. Er hat mich erneuert zu einer anderen Persönlichkeit — die Mächte in mir und um mich, die Dämonen und die λογισμοι sehen staunend meine Verwandlung. Gott hat meinen νους zur Vollendung erhoben und nun steigt er auf den Spuren Christi hinab in die Unterwelt, den Abgrund im Menschenwesen, wie Christus in den Hades zu den Toten einging. Die ehernen Riegel sprengt seine Erscheinung, alles verschlossene öffnet sich vor ihm. Tod und Sünde halten die geistigen Mächte (die ανθρωπινοι λογισμοι in der Seele) in ihrem starren Bann: er löst die Gebundenen alle und läßt keinen zurück, der gefesselt wäre und keinen, der ferner fesseln könnte. Die befreiten geistigen Mächte des παθητικον verwandelt der νους in sein Wesen, teilt ihnen seine Erkenntnis (von Gott) mit und erfüllt alle ihre Bitten; sie schließen sich ihm, dem ηγουμενος an und sammeln sich aus der Zerstreuung um ihn: er wird ihr Haupt, sie seine Glieder. — Die geistige Atmosphäre der Ode ist durch die folgenden Hauptgedanken fest bestimmt. Ursprünglich ist der Mensch απαθης, wie Gott; das hängt mit seinem im Anfang rein geistigen Wesen zusammen: προτερευει το νοερον καθως παρα του την ανθρωπογονιαν εν ταξει διεξελθοντος εμαθομεν επιγεννηματικην δε ειναι τωι ανθρωπωι την προς το αλογον κοινωνιαν τε και συγγενειαν schreibt Gregor. Nyss. de opif. hom. (Migne 44. 181 C); durch das Eintreten der Sinnlichkeit, der εμπαθης διαθεσις nach dem Sündenfall, ist die Harmonie zwischen Gott und Mensch

gestört, vgl. Gr. Nyss. de oratione (M. 44. 1132D) αλλοτριουται
δε απο θεου ανθρωπινη ψυχη ουκ αλλως η δια της εμπαθους
διαθεσεως· επει ουν απαθες το θειον παντοτε ο αει εν παθει
γενομενος της προς το θειον συναφειας αποσχοινιζεται. Das
Ziel des göttlichen (und menschlichen) Wirkens, das in der απο-
καταστασις erreicht wird ist ο εις απαθειαν θεουμενος ανθρωπος,
um mit Clemens Al. zu reden; der Mensch muß εξαναδυναι
γενεσεως τε και αμαρτιας, περαν την φθοραν. Denn απο της
του Αδαμ παραβασεως εσκορπισθησαν απο της αγαπης του θεου
οι λογισμοι της ψυχης εις τον αιωνα τουτον συμμιγνυντες υλι-
κοις και γηινοις λογισμοις (Macarii hom. 24, 2). Wenn die Seele
von den γηινοι δεσμοι befreit ist durch die πονοι, die εναρετος
πολιτεια des Asketen und die göttliche χαρις, dann tritt sie in
den Besitz der απαθεια und wird dadurch eine neue Kreatur;
denn περας της εναρετου ζωης η προς το θειον εστιν ομοιωσις
και τουτου χαριν η τε της ψυχης καθαροτης και το πασης
εμπαθους διαθεσεως ανεπιμικτον δι' επιμελειας κατορθουται τοις
εναρετοις ωστε τινα χαρακτηρα της υπερκειμενης φυσεως δια
της αστειοτερας ζωης και εν αυτοις γινεσθαι (Gregor. Nyss. in
cant. cant. hom. 9 M. 44. 960D f.). Mit der απαθεια setzt also die
Vergottung ein: μεταβαλλειν σε .. και αποθεσθαι δει παντα τα
ανθρωπινα, αγγελον ηδη και θεον γενεσθαι δει (Origen. in
ψ M. 12. 1268B), durch sie wird der Mensch eine καινη κτισις.
Dieser Vergottungsprozeß ergreift zuerst den νους oder den λογος
im Menschen, der sich die übrigen Seelenmächte assimiliert (vgl.
v. 15 unserer Ode) in jener μεταστοιχειωσίς εις την πνευματι-
κην φυσιν, von der Greg. Nyss. in cant. cant. hom. 9 (Migne 44
S. 953C) redet; vgl. Mac. hom. 18 § 10: οταν η ψυχη προς την
τελειοτητα του πνευματος καταν+ηση τελειως παντων των
παθων αποκαθαρισθεισα και τωι παρακλητωι πνευματι δια της
αρρητου κοινωνιας ενωθεισα και ανακραθεισα και καταξιωθηι
πνευμα γενεσθαι συγκεκραμενη τωι πνευματι τοτε ολη φως usw.
So wird der νους oder der λογος oder das πνευμα der Heiland
der gebundenen Welt des παθητικον, d. h. des θυμικον und des
επιθυμητικον im Menschen; das Prinzip des befreiten λογιστικον

steigt als Erlöser in die Tiefen des Herzens oder der Seele und
befreit die gefesselten λογισμοι, die in „ängstlichem Harren" ihm
entgegenseufzen. Entscheidend für das Verständnis von unserer
Ode ist z. B. Mac. homil. 11 § 11 ff. Wenn du von der Höllenfahrt
Christi hörst μη μακραν απο της ψυχης σου τα πραγματα ταυτα
ειναι νομισηις.... και οταν ακουσηις περι μνημειων μη τα
φαινομενα λογισηι μονον· μνημειον γαρ κᾶι ταφος η καρδια
σου εστι. οταν γαρ ο αρχων της κακιας και οι αγγελοι αυτου
εκει εμφωλευωσι και οταν τας τριβους και τας διοδους εκει
ποιωνται οπου εμπεριπατουσιν αι δυναμεις του σατανα εις τον
νουν σου και εις τους λογισμους σου ουχι αιδης και ταφος και
μνημειον και νεκρος ει τωι θεωι; .... ερχεται ουν ο κυριος
εις τας επιζητουσας αυτον ψυχας εις το βαθος του αιδου της
καρδιας κακει προστασσει τωι θανατωι λεγων εκβαλε τας
εγκεκλεισμενας ψυχας τας εμε επιζητουσας ... ibid. § 12: αυτος
ερχεται εις τα δυο μερη εις το βαθος του αιδου και παλιν εις
τον βαθυν κολπον· της καρδιας οπου κατεχεται η ψυχη υπο του
θανατου συν τοις λογισμοις και αναφερει εκ του σκοτεινου
βυθου τον νενεκρωμενον Αδαμ —. Eine ebenso treffende
Stelle aus diesem Mystiker werden wir unten zu Ode 42 15 ff.
anführen. — Es wäre leicht, die Gleichheit der Gedanken in unserer
Ode mit entsprechenden Stellen aus Schriften der Kirchenväter noch
mehr in Einzelheiten nachzuweisen, die folgenden Oden werden uns
dazu noch Gelegenheit bieten; aber das Gesagte genügt zu zeigen,
daß das Verständnis dieser Ode nur in dieser Richtung zu ge-
winnen ist. Über das Verhältnis der Sprache und der Bilder der
Ode zu den kanonischen Psalmen haben wir im Vorwort ge-
handelt.

Ode 42.

Das göttliche Prinzip in der Seele, d. h. der zum Christus
gewordene νους oder λογος (vgl. Ode 17 7 f.), hat nach langem
Schwanken den Sieg errungen. Ein Teil der Wesen im Menschen
hat ihn verworfen oder auch sich ihm feindlich entgegengestellt:
aber alle seine Verfolger sind gestorben wie die Verfolger, die
dem Kindlein nach dem Leben trachteten (Mt 2 20) und die

anderen haben sich ihm angeschlossen und untergeordnet; seine Liebe herrscht jetzt beseligend über seine „Gläubigen". Freilich hart war der Kampf: die Hölle verschlang den Erlöser und die gleichgültig oder schadenfroh beiseite stehenden glaubten, er sei verloren. Aber Gott hat ihn nicht verworfen, die Hölle muß ihn mit seinen Geretteten ausspeien: er kommt an der Spitze seiner αιχμαλωσια als das „Haupt" mit allen seinen Gliedern aus dem Todesrachen, bis auf die Füße fehlt ihm keines. Die Toten (= die Gefesselten Ode 17) flehten ihn um Rettung an aus ihren Banden, als sie erkannten, daß der Tod über ihn keine Macht habe; er erhörte sie, machte sie frei und weihte sie durch das Zeichen seines Namens zu seinem Eigentum.

Die Erklärung dieser Ode, die offenbar denselben psychologischen Vorgang im Bild schildert wie Ode 17, ist nach jener Ode einfach. Die Bezeichnung des νους oder λογος, der θεια απορροια ητις ενεστακται τοις ανθρωποις (Clem. Alex. coh. a. G. M. 8 S. 173) als Haupt ist bekannt, z. B. aus der Psalmenexegese des Origenes. Zu dem Bild v. 15 ff. liegt bei Mac. de lib. mentis cap. 1 eine treffende Parallele vor. Die Toten sind die in den Banden des Sinnlichen schmachtenden Mächte des παθητικον, die von dem zum Christus gesalbten λογιστικον befreit werden; durch diese Tat wird es erst recht zum ηγεμονικον in dem κοσμος der Seele, es tritt nun triumphierend die κληρονομια an, zu der es Gott unter Verfolgungen und Trübsalen erzogen hat. Diese Erklärung wird sichergestellt durch Ode 18, zu der wir nun übergehen.

Ode 18.

Der Dichter preist zunächst die Großtaten der göttlichen Liebe, die ihn umgewandelt hat. Das Gesetz der Sünde, das in den Gliedern herrschte, ist in seinem Leibe aufgehoben, so daß die Harmonie zwischen dem Leiblichen und dem Geistigen in der απαθεια der Seele hergestellt ist; der Leib ist ein gefügiges Organ des göttlichen Willens geworden, der in ihm regiert. Trotzdem ist der Dichter von der absoluten τελειοτης noch weit entfernt. Er hat große Sorge, Gott möge um der mancherlei ελαττωματα

willen, die ihm anhaften, ihm seinen λογος entziehen, d. h. ihn aufgeben und das gute Werk, das er in ihm angefangen, nicht zum Abschluß bringen, so daß schließlich doch das Böse triumphiere. Deshalb bittet er ihn, er möge doch der im Prinzip vollbrachten Erlösung in ihm zum durchgreifenden Siege verhelfen, die Finsternis und das Böse ganz aus ihm ausweisen; er solle die zerstreuten vom Bösen gefesselten Gedanken (λογισμοι) sammeln und behüten und die πλανη der Sinnlichkeit ganz zerstören. Denn es gibt im Menschen törichte Mächte, denen die ματαια und προσκαιρα des Sichtbaren imponieren und die sich von ihnen fangen lassen; diese ματαιοι in der Seele vergehen mit ihren Götzen, der πλανη und der αγνοια unter dem Spott der frommen, von Gott inspierierten Mächte.

Daß in der Ode ein Einzelwesen redet von den Vorgängen in seinem Inneren ist meines Erachtens gar nicht zu verkennen. Die an die Psalmen des Kanons sich anschließende Form, in der von Frommen, Toren, Gottlosen usw. geredet wird als wie von Einzelpersönlichkeiten, kann selbst den nicht darüber täuschen, der die Art der Exegese der Psalmen z. B. bei Origenes, nicht kennt. Das ist ja gerade das Kennzeichen dieser Art Gnostik (oder Mystik), daß sie die Seele anstelle der Gemeinde setzt und in psychologischen Vorgängen das geschichtliche Erlösungswerk Christi zu erfassen und zu erleben sucht; vgl. Mac. hom. 12 § 15 εκκλησια ουν λεγεται και επι πολλων και επι μιας ψυχης. αυτη γαρ η ψυχη συναγει ολους τους λογισμους και εστιν εκκλησια τωι θεωι und hom. 37 § 8: εκκλησια εν δυσι προσωποις νοειται τωι συστηματι των πιστων και τωι συγκριματι της ψυχης — εκκλ. εστιν ολον αυτου (του ανθρωπου) το συγκριμα. Daß wir es in unseren Oden mit einem solchen Kollektivum zu tun haben zeigt sich auf Schritt und Tritt.

Das innere Leben des asketischen Mystikers bewegt sich bekanntlich in zwei Polen: einmal der schrankenlosen παρρησια in dem Augenblick der εκστασις oder der von ihr getragenen Erinnerungen und dann in der tiefen Niedergeschlagenheit über die Sünden und Mängel, deren Dasein sich ihm in Taten oder in διαλογισμοις εμπαθεσι immer wieder aufdrängt. Das Spiel, das die χαρις οικονομικως mit dem Menschen treibt, schildert z. B. Mac. hom. 38 § 5. Wenn er meint, schon im Hafen und am Gestade das περαν zu sein, reißt ihn die Woge wieder mitten ins Meer; dann wieder wirkt die Gnade so reichlich in ihm, daß die höchsten Würdenträger der Erde gegen ihn armselige Bettler sind: μετα δε καιρον και ωραν μεταβαλλεται τα πραγματα ωστε εξ αληθειας τον τοιουτον εαυτον ηγεισθαι αμαρτωλοτερον παντων ανθρωπων· και παλιν αλληι ωραι οραν εαυτον οιον βασιλεα μεγιστον εξαισιον η δυναστην φιλον βασιλεως· παλιν αλληι ωραι εαυτον οραν ασθενη και πτωχον· λοιπον εις αμηχανιαν εμπιπτει ο νους δια τι ουτως και παλιν ουτως. Daher ουδεις των εχεφρονων τολμαι ειπειν οτι συνουσης μοι της χαριτος το ολον ηλευθερωμαι της αμαρτιας αλλα τα δυο προσωπα εν τωι νωι ενεργειται, Mac. hom. 17 § 6; denn οι κατεχομενοι εν βαθει υπο του αγαθου μερους, της χαριτος λεγω, ετι εισι δουλοι και υποχειριοι τοις πονηροις λογισμοις και τωι μερει της κακιας ibid. § 7. Eine völlige αμεριμνια (§ 8) tritt nie ein: λεγω δε σοι οτι και οι αποστολοι εχοντες τον παρακλητον ολοτελως ουκ ησαν αμεριμνοι· συνην γαρ τηι χαραι και τηι αγαλλιασει φοβος και τρομος εξ αυτης της χαριτος, ibid. § 7. Immer wieder merkt der Asket, wieviel ihm zum „vollkommenen Mann in Christo" noch fehlt; es geht langsam aufwärts durch viel ταγματα hindurch, vgl. die Schilderung bei Greg. Nyss. in cant. cant. (Migne 44 S. 1109 B f.) in der Unterscheidung zwischen κτισις und ανακτισις und Mac. hom. 17 § 5: ταυτα τα μετρα ουκ ευθεως καταλαμβανουσιν οι ανθρωποι ει μη δια καματου και θλιψεως και αγωνος πολλου. Der Mensch bleibt immer nur μερικως αλλοιωθεις durch die Gnade (Mac. hom. 26 § 5) und immer η κακια μερικως συνεστι (26 § 22), es bleibt immer Unkraut im Acker. Denn mit einer rein körperlichen Enthaltsamkeit ist es nicht getan: εστιν γαρ η κακια εν τωι νωι και εν τηι καρδιαι ζη και επαιρεται· ουτος δε εστιν αγιος ο καθαρθεις και αγιασθεις κατα τον εσω ανθρωπον, Mac. 17 § 13. Die Seelenstimmung, die aus unserem Lied redet, ist so klar wie nur

möglich; der Dichter gehört zu denen, von denen Mac. hom.
16 § 3 redet.

Ode 24.

Der Christus erscheint als das Haupt, über ihm die Taube
als Sinnbild des heiligen Geistes, der auf ihn als den gesalbten
Erlöser hinweist (cf. Mt 3 17). Eine furchtbare Aufregung bemäch-
tigt sich der finsteren Gewalten in dem Menschenwesen bei dieser
επιδημια Christi: die Bewohner des μικρος κοσμος geraten in
Schrecken wie weiland die Könige der Kanaaniter, als Josua am
Jordan erschien. Die Vögel, d. h. die dämonischen Mächte und
Eingebungen, fallen nieder und die οφεις εμφωλευοντες ver-
kommen in ihren Schlupfwinkeln. Der Abgrund versucht den
Gesalbten Gottes zu verschlingen, wie er es mit anderen vor ihm
getan hatte, aber vergeblich: der Erschienene gehört zu einer
anderen Art, seine dämonischen Feinde haben keine Macht über
ihn. Sie können mit ihm nicht ihrer Gewohnheit gemäß ver-
fahren, er macht der Vernichtung, die sie bis dahin an allen geübt
haben, ein Ende und schafft dadurch das Leben. Alle Mächte,
die den Herrn in dem Examen nicht Rede stehen können, weil
sie nicht aus der Wahrheit sind und die Weisheit nicht kennen,
verwirft er. Denn der Herr hat seinen Weg offenbar gemacht.

Der λογος des Menschen oder auch der νους hat die Geistes-
taufe von oben empfangen, heute hat ihn Gott gezeugt und ihn
zum Herrn und Christ gemacht, er erscheint als das von Gott
bestimmte Haupt in der Menschenseele um sein Erbe in Besitz
zu nehmen. Das Land, von dessen Bewohnern die Rede ist, ist
in der Sprache der pneumatischen Exegese das Land der Ver-
heißung, die Menschenseele, die bis zur Erscheinung des Josua-
Jesus in den Händen der Kanaaniter, der Dämonen, ist, wie
Euagrius in der Centurie V cap. 30 sagt. Die „verfluchten" Vögel
kommen in der asketischen Literatur oft vor, teils als die Mächte,
die den göttlichen Samen im Menschenherzen aufpicken, teils aber
auch als die, die das Haupt, d. h. den νους beschattend, ihm den
Anblick der geistigen Sonne (Christi) im Gebet oder der Ekstase

entziehen. Das Herz des Menschen wimmelt bekanntlich von allerlei bösem Gewürm, vgl. Mac. hom. 1 § 5: και οι κακοι και δεινοι σκωληκες α εστι τα πνευματα της πονηριας και αι δυναμεις του σκοτους εν αυτηι εμπεριπατουσι κακει εννεμονται και φωλευουσι και ερπουσι —. Die ganze Schilderung ist abhängig von prophetischen Stellen wie Jer 4 25 ff. 9 10 Ez 38 18 ff. Seph 1 3. Am Ende von v. 3 ist mir die Beziehung der Worte ابو هب ربلي nicht klar, aber der Inhalt selbst steht im Ganzen fest; ob der Ausdruck mit der alten gnostischen Differenzierung der Seelenmächte in männliche und weibliche zusammenhängt? oder irgendwie mit dem Bilde in der Apokalypse von dem gebärenden Weibe? Jedenfalls besagt der Zusammenhang, daß die Hölle oder der Hades sich an ihm verrechnet hat; er gehört nicht zu den gewöhnlichen Opfern, die ihr widerstandslos in den Rachen fallen, vgl. Origenes zu ψ 17 5—6: ο Χριστος καθως ανθρωπος φησι ταυτα — και ωδινες αιδου περιεκυκλωσαν οιηθεντες αυτον καταλαβειν· ου μην υιος αιδου εγενετο ποτε (Migne 12 S. 1226 B). Αβυσσοι = δαιμονες cf. Orig. zu ψ 70 20 εισι δε τινες οι και αυτους τους δαιμονας αβυσσους λεγουσι δια το απεραντον της κακιας αυτων und zu ψ 76 17 οι αβυσσοι τας καταχθονιους δυναμεις δηλουσιν αιτινες εν τηι παρουσιαι του Χριστου εταραχθησαν; durch Stellen wie ψ 148 7 wurde jener Schluß nahegelegt, während andere Stellen wie Sir 42 24 auf den Zusammenhang von αβυσσος und καρδια hindeuteten. Die Mächte, die sich der αληθεια und der σοφια entgegenstellen und sie nicht aufnehmen, die αλογα, werden als inferior (υστερουντες v. 7 vgl. Ode 18 4. 15 ff.) vom λογος vernichtet.

Ode 25.

Die Seele ist den Fesseln ihrer Feinde entronnen und zu Gott geflüchtet. Er hat sie erlöst und ihr im Kampf geholfen; die Dämonen haben sie schwer bedrängt, aber mit Gottes Hilfe sind sie besiegt worden und für immer verschwunden. Die Feinde waren ihres Sieges schon ganz sicher, sie haben den νους in der großen Gefahr für verloren gehalten, Gott aber hat ihm mit seiner

Macht wider Erwarten herausgeholfen. Er hat die Seele durch zwei Lichter erleuchtet, ihr das Fellkleid der Kreatürlichkeit ausgezogen und dagegen das geistige Gewand der απαθεια angelegt. Sie ist nun ohne Krankheit und Schwäche, stark und unbesieglich durch die Wahrheit und die Gerechtigkeit Gottes, furchtbar denen, die ihr bis dahin ein Schrecken waren. Sie ist Gottes Eigentum, gerettet durch seine Güte.

Es handelt sich offenbar um den εμφυλιος πολεμος, den der Asket mit seinen διαλογισμοι durchficht. Die Bande, die ihn halten, sind die Sinnlichkeit und das „Verderben", die Vergänglichkeit, τα παθη συνδεσμουντα αυτον δια των νοηματων τοις πραγμασι τοις αισθητοις (Euagr. cap. p. 71). Die Dämonen werden nach der Sprache der Psalmen bezeichnet als ανθισταμενοι, εχθροι, αντικειμενοι oder αντιδικοι der Seele; sie umlauern (κυκλουν, סבב ψ 21 17 31 9 usw.) sie, erspähen ihre Schwächen, beobachten, wohin sie neigt (ihre ροπη), und suchen insbesondere durch Einwirkung auf das παθητικον das λογιστικον zu verwirren; ihre Mittel sind die λογισμοι oder περισπασμοι, um durch sie τον νουν αιχμαλωτιζειν εις τουτον τον κοσμον. Der νους hat ihnen gegenüber einen schweren Stand; die λογισμοι im Menschen, die teils ανθρωπινοι, d. h. κατα φυσιν sind, teils δαιμονιακοι (= παρα την φυσιν), stehen gleichgültig oder schadenfroh beiseite und erwarten seinen völligen Untergang. Aber das göttliche Prinzip im Menschen läßt sich nicht von dem Bösen, das erst später παρεισηλθε, vernichten, ανεξαλειπτα γαρ τα σπερματα της αρετης (Euagrii Pont. cap. pract. 65 bei Migne 40 S. 1240 B, wörtlich aus Origenes als Hauptsatz zitiert bis auf S. Dorothei doctr. XI § 9). Gott bekennt sich zu der Seele und erleuchtet sie durch seine beiden Lichter, d. h. wohl die Askese (vgl. ψ 118 104 u. sonst) und die Gnosis. Er nimmt ihr die Kleider aus Fell ab, die sie mit dem Sündenfall angelegt hat — της καθαροτητος εκπεσουσα το ζοφωδες ειδος ενεδυσαμην· τοιουτος γαρ τωι ειδει ο χιτων ο δερματινος (Gregor. Nyss. in cant. cant. M. 44 S. 800 B) und kleidet sie in das ενδυμα θεικον και επουρανιον, οπερ εστιν η του πνευματος δυναμις, von dem

Mac. hom. 20 § 1 redet, d. h. ohne Bild (v. 9), er nimmt ihr und dem Leibe die Schwäche der Kreatürlichkeit und erfüllt sie mit seiner Kraft; in dem ferneren Kampfe fürchten sich jetzt die Dämonen vor den Kriegern Christi. Die πολλοι, von denen v. 5 in der Sprache der kanonischen Psalmen die Rede ist, sind die Dämonen; sie erscheinen in dem Kleid der Gottlosen des AT, stolz, übermütig, siegesgewiß. Das göttliche Prinzip im Menschen, der νους oder λογος, und seine Schicksale sind gezeichnet nach der Gestalt des leidenden Gerechten, des Knechtes Gottes in den Psalmen, der ja stark auf den geschichtlichen Jesus abgefärbt hat. Bei der mystischen Exegese der Psalmen konnte man diese Bilder und Ausdrücke nur auf den λογος in der Seele beziehen, aber man füllte diese Phrasen mit neuem Inhalt an aus den Erfahrungen der Askese. Man empfand die Rebellion der Natur als Angriffe der Dämonen, die mit ihren Fragen: wo ist nun dein Gott, was hilft dir deine ganze Mühe, es ist doch alles vergebens, wir kommen doch immer wieder (vgl. den antirrheticus des Euagrius Pont.), den Dulder zur Verzweiflung oder zum Aufgeben des „Weges" treiben wollen. Gegen diese Reizungen, die besonders das θυμικον im Menschen in Wallung versetzen sollen (vgl. die Schilderung der ταραχη, wie der terminus techn. lautet, bei Doroth. doctrina 8 § 2, M. 88 S. 1708 f.) helfen freilich nur πραυτης und υπομονη des Dulders (was ein kräftiges Anfahren der Störenfriede von Zeit zu Zeit, besonders vor dem Gebet, nicht ausschließt, vgl. Euagr. Pont. cap. pr. 30 M. 40 S. 1229).

Ode 28.

Die Seele ist unter dem Schutze (= θαλπωρη) des Geistes geborgen; in ihrem Herzen regt sich seliges Leben, es springt wie etwa das Jesusgebilde im Mutterleibe (Luc 1 41). Der, auf den sie traut, ist zuverlässig, ihr νους ist bei ihm und wird durch keine Gefahr von ihm getrennt. Denn ihr geistiges Teil stammt aus der Zeit vor dem Eintreten der απωλεια oder der φθορα, das göttliche Leben hat sie an seine Brust genommen und getränkt und daher stammt ihr unzerstörbares unsterbliches πνευμα in ihr. Die anderen geringwertigen Mächte, die Kinder der φθορα, staunen über die Verwandlung, die mit der Seele vorgegangen ist: sie hielten das pneumatische Wesen für verloren, weil es von so erbitterten Feinden umringt sich gegen ihre Wut nicht wehren konnte. Aber es trug geduldig ihre unverdiente Bedrückung und seine Hoffnung auf Gott, von dessen Geschlecht es ist, hat es nicht zu Schanden werden lassen. Die Gebilde, die nach der φθορα entstanden sind, können nicht dies ewige Wesen vernichten, erfolglos ist ihr Wüten; Gott führt doch seinen ewigen Heilsplan an ihm aus und läßt ihn sich durch keine feindliche Wut oder List durchqueren.

Das Geistige in dem Menschen existiert von Ewigkeit her als του θεου λογικον πλασμα (Clem. Alex. coh. ad. Gr. M. 8 S. 60), vgl. auch Orig. in gen. hom. I M. 12. 147. Die Existenz des νους reicht zurück in die Zeit vor der großen κινησις in der geistigen Welt, der Loslösung der λογικη φυσις von Gott in den beiden Sündenfällen; die Seele, als vergröberter νους, und die ganze Schar der in ihr und in dem aus ihr wieder degenerierten Leibe wirkenden παθη ist jüngeren Ursprungs und die ganze Gott gewollte Entwicklung (οικονομια) geht darauf hinaus, daß durch die απαθεια der Unterschied zwischen ψυχη und νους aufgehoben und die ursprüngliche ενοτης alles Geistigen, die durch die „Zahl" zerrissen ist, wieder hergestellt werde. Ην οτε ουκ ην η κακια και εσται οτε ουκ εσται bekennt Euagrius mit seinem Lehrer Origenes (vgl. oben); denn ληθη και απολειψις γνωσεως κτησεως δευτεραι ωσπερ και υγιειας νοσος εσχατη και ζωης θανατος δευτερος Orig. in prov. 5 18. Diesen Zustand erreicht Gott in der Menschenseele durch die αποκαταστασις, die für den Mystiker oder Gnostiker nicht erst, wie die απλουστεροι meinen, am Ende der Welt, sondern jetzt in seinem Inneren stattfindet; wenn Gott und Christo alles in dem Menschen unterworfen ist, nichts „Fremdes" (vgl. Ode 6 v. 3 f.) mehr in ihm waltet, dann ist dies Ziel erreicht, dann ist Gott „alles in allem". Das lebendige Wasser v. 7 ist das Wort Gottes, durch das der Geist in die Seele einzieht, vgl. Mac. hom. 19 § 16 und besonders hom. 24 § 5 (ed.

Pritii S. 168 und S. 323); durch ihn wird der νους zum Träger
ewigen Lebens, das niemals, auch in der Hölle nicht, verloren
gehen kann, vgl. Euagr. cap. pr. 65. Er taucht immer wieder aus
den größten Nöten auf und wird schließlich mit Gott das Feld
behalten. Dies Ringen wird v. 8 ff. in der Sprache der Psalmen
geschildert. Der Geist im Menschen muß viel leiden unter der
unverdienten Wut seiner Verfolger, widerstandslos erträgt er ihren
dämonischen Haß in Sanftmut (v. 13); das unverdiente Unrecht
läutert ihn nur und macht ihn reif und würdig, das Erbe schließ-
lich anzutreten. V. 14 ff. weist darauf hin, daß das Reich der
φθορα und ihre Gebilde, vor allem die Dämonen als πλανωμενοι
και πλανωντες (so werden die Dämonen bezeichnet, auch als
ταρασσοντες και ταρασσομενοι, vgl. Ode 38 9ᵇ, die Menschen sind
nur πλανωμενοι) späteren Ursprungs sind, geboren nicht aus
Gott, sondern aus der κακη προαιρεσις der abgefallenen Geister.
Die Dämonen erscheinen im Anschluß an die Sprache der Psalmen
als Hunde, die ihren von Gott gesetzten Herrn, den νους als
ηγεμονικον, nicht erkennen und ihn zerfleischen wollen. Die sinn-
lose Wut gilt als charakteristisches Zeichen der Dämonen; in den
Menschen, sagt Euagrius Pont. irgendwo, überwiegt das επι-
θυμητικον, in den Dämonen das θυμικον und in einem Briefe
fragt er geradezu: was ist ein wütender Mensch anders als ein
Dämon? So schildert Greg. Nyss. in de beatitud. (M. 44 S. 1257D)
die Leidenschaften als λυσσωντας και αγριαινοντας δεσποτους
und Johannes Clim. bezeichnet oft mit Hunden die dämonischen
Eingebungen der Leidenschaften. Aber die Pläne der Dämonen
gegen die Seele resp. ihr Haupt zerschellen an dem unerschütter-
lichen Ratschluß des allmächtigen und allweisen Gottes.

Ode 29.

Der Herr ist meine Hoffnung, die nicht trügt; er hat mich
in seiner Gnade erhoben zu einem rein geistigen Wesen. Hölle
und Tod haben mich nicht verschlungen, meine Feinde habe ich
alle durch die Kraft des Gesalbten niedergeschmettert. Er hat
mir seinen Stab gegeben, die Anschläge der Heiden habe ich

mit seiner Hilfe zerstört und den Sieg errungen. Meine Feinde sind zerstoben wie die Spreu vor dem Winde. Gott hat seinen Knecht, den Sohn seiner Magd erhöht, darum sei ihm Lob und Preis!

Der Dichter redet aus jener seligen Ruhe (γαληνη, ειρηνη), die sich einstellt, wenn die Angriffe der Dämonen abgeschlagen sind, wie sie sich als Wirkung des Geistes der υιοθεσια ergibt, vgl. Mac. de charit. cap. 6: αρτι μεν πολλη τις γαληνη αυτους περιβαλλει και ησυχια ειρηνη τε περιθαλπει και ηδονηι κατοχοι γινονται θαυμασιαι. In v. 1—3 wird die Erfüllung des gnädigen Heilsplanes Gottes in bekannten alttestamentlichen Redewendungen gefeiert. v. 4 f. beschreibt den Sieg des göttlichen Prinzips im Menschen über die Dämonen und ihren Anhang; Hölle und Tod sind wie schon in den Psalmen nichts anderes als rhetorische Ausdrücke der religiösen Sprache, hier freilich mit spezifisch christlichem Geiste gefüllt; vgl. die oben angeführten Notizen Origenes zu ψ 70 20 und ψ 76 17. Die Seele glaubt an den Gesalbten des Herrn, d. h. an den νους (λογος) und seine göttliche Sendung; in dem Siege ist er als der von Gott bestimmte Herr und Erbe erzeigt worden. Man kann v. 6 den χριστος κ. natürlich auch anders fassen, aber dann wird der Inhalt in diesem Zusammenhang nichtssagend und paßt schlecht zu v. 11ᵇ, wo sicher der νους (λογος) gemeint ist, vgl. Mac. hom. 8 § 6, wo der εσω ανθρωπος (= νους) genannt wird υιος βασιλεως, d. h. des θεος λογος Sohn, und κληρονομος. Der Ausdruck „Gesalbter" für den νους steht ganz im Rahmen der Denkweise der Oden, vgl. zu Ode 9 2 und Origines zu ψ 129 8, wo die Ausführung der λυτρωσις in v. 7—8 auf den νους zurückgeführt wird. Der ραβδος δυναμεως v. 7ᵇ ist wohl eine Entlehnung aus ψ 109 2: ραβδον δυναμεως εξαποστελει κυριος εκ Σιων και κατακυριευε εν μεσωι των εχθρων σου, wozu auch v. 8 unserer Ode passen würde. Die εθνη v. 8 sind natürlich die Dämonen, vgl. Origenes zu ψ 64 4 und 117 10.

Ode 10.

Der Geist ist voll der göttlichen Gnade, sie wohnt als Licht und Leben im Sitz des ηγεμονικον und weiht das ganze Wesen bis zum Munde zu seinem Organ. Er darf die selige Ruhe (γαληνη, ειρηνη) der Gottesgemeinschaft künden, um die zu gewinnenden Seelenkräfte zu Gott zu locken und sie zur Freiheit zu fangen. Er hat von seinem Vater Kraft erhalten, als Erlöser den ganzen κοσμος, dessen Mittelpunkt er ist, zu gewinnen zur Ehre des Höchsten. Die zerstreuten Völker hat er aus der Diaspora gesammelt, unter seiner Führung sind sie gereinigt und gefördert worden und für ewig mit ihm vereinigt worden.

Der Redende ist der von Gott gesalbte νους, der sich seiner göttlichen Sendung bewußt geworden ist; er durchdringt die ganze Seelenwelt und zwingt ihre Kräfte in seine Gefolgschaft, macht sie, wie es sonst heißt, zu seinen Gliedern, vgl. die Stellen zu Ode 17 v. 13. Licht und Leben, die im letzten Grund auf das Wort resp. den λογος zurückgehen, bezeichnen dasselbe, das sauerteigartig wirkende Prinzip der Vergottung im Menschen, die selige Erfahrung der Gottesgemeinschaft und ihre Folgen. Die Frucht des Friedens v. 2 ist zu fassen als der Genitiv der Sache im Bilde, d. h. der Friede, der die Frucht der Gottesgemeinschaft ist. Der Geist, der den Gottesfrieden aus seiner Erfahrung heraus schildert, will die zerstreuten Seelen anlocken und sie aus der Gefangenschaft des Irdischen in die Freiheit führen. Das Wirken des νους in der Welt der Seele ist ganz parallel dem Wirken Christi in der Außenwelt; wie der ϑεος λογος so führt auch sein Sohn, der λογος im Menschen eine αιχμαλωσια heim, vgl. über die Bedeutung der αιχμαλωσια Origines zu ψ 125 1: αιχμαλωσια εστι φυσεως λογικης απο αρετης και γνωσεως επι κακιαν και ανοησιαν μεταβολη — und umgekehrt. Die zerstreuten λογισμοι leitet er aus den ρεμβασμοι und περισπασμοι, aus der Vielheit der am Sichtbaren sich entzündenden Wünsche und Begierden wieder zurück auf das ursprüngliche Ziel, die Gottheit und macht sie dadurch wieder zu einer geistigen Einheit unter seiner Herrschaft, vgl. Mac. hom. 32 § 3: το δε πνευμα εν τηι καρδιαι ερχομενον ενα λογισμον ποιει και μιαν καρδιαν. Der Inhalt und die Art des Friedens v. 2 wird etwa durch Orig. in lib. Jesu Nave hom. I, Migne 12, 832 A erläutert: sub Mose non est dictum, quod sub Jesu dicitur, quia cessavit terra a praeliis (Jos 11 23) notum est quod et terra nostra haec, in qua agones habemus et certamina sustinemus solius Jesu domini virtute cessere poterit a praeliis; intra nos enim sunt omnes gentes istae vitiorum quae animam pugiter et indesinenter oppugnant — oder 892 B ibid.: pax enim redditur animae si ab ea hostes sui peccata ac vitia propellantur. Über die in dem Seelenwesen durch die Vorherrschaft des νους erfolgte Einheit schreibt Origenes in lib. Regum (Migne 12 S. 999 CD): si ita mortificavero membra mea, ut jam non concupiscat caro adversus spiritum neque spiritus adversus carnem, si jam non sit alia lex in membris meis quae pugnet legi mentis meae et captivet me in legem peccati si omnia quae intra me sunt in uno atque in eodem sensu perfecta sint et una atque eadem sententia moveantur tunc ero et ego vir *unus*. — v. 7 f. soll wohl besagen in der Buße werden die geretteten Seelenmächte in Gnaden angenommen und ihnen die Anfänge der göttlichen Erkenntnis mitgeteilt, in der Nachfolge des λογος machen sie dann ihre Erlösung fest.

Ode 12.

Gott hat mich mit dem Wort der Wahrheit erfüllt, daß ich sie verbreiten soll; ich bin voller Erkenntnis, denn ich trage in mir selbst den lebendigen Quell aller Offenbarung, den λογος Gottes. Gott hat ihn seinen Wesen als beredten Herold seiner Größe und Herrlichkeit gegeben. Seine Schnelligkeit ist unbeschreiblich, sein Weg unbegrenzt, sein Wirken stets erfolgreich seine Herabkunft von Oben geheimnisvoll. Die Welten im Menschen bringt es zur Zwiesprache, zum Gedankenaustausch und so zur Erkenntnis ihres Schöpfers.

Diese Ode enthält eine religiös-philosophische Betrachtung in Psalmensprache über den λογος, den der Schöpfer dem Menschen als göttliches Prinzip der Offenbarung mitgegeben hat. Dieser λογες ενδιαθετος ist als απορροια θεικη im Menschen der Mund, durch den Gott spricht, die Tür des Lichtes, durch die das Licht der Gotteserkenntnis in die Seele einströmt; im Verlauf des Wirkens des λογος erstrahlt aus ihm der göttliche Glanz, aus dem er selbst herstammt, vgl. Ode 41 15. Die „Welten" von denen die Rede ist, sind natürlich nicht κτισματα αλογα, sondern κτισεις λογικαι, insbesondere der Mensch und die Mächte in der einzelnen Seele; so erklärt z. B. Origenes zu ψ 18 2 die ουρανοι seien νοερας φυσεως ουρανοι λεγομενοι δια το εχειν εν αυτοις τον της δικαιοσυνης ηλιον; κοσμος (αιων?) in diesem Sinne ist uns schon in Ode 10 v. 4 begegnet und wird uns noch öfter aufstoßen. In v. 6 soll wahrscheinlich in Anlehnung an den bekannten, ursprünglich semitischen Sprachgebrauch (קום ,הקים דבר, נפל 'ד) gesagt werden, daß das Wort (Gottes) eintrifft, daß es αληθης und πιστος ist. Zu der Aussage, daß es auf seinem Wege keine Grenzen kennt v. 6ᵃ vgl. 30, v. 6. Seine Herabkunft und sein Wirken ist ins Geheimnis gehüllt, 6ᶜ, wie ein Blitz, wie ein aufleuchtender Gedanke ist es da und wieder verschwunden (v. 7?). In v. 8 ff. wird die innere Dialektik des λογος als des geistigen Verkehrsmittels der Seelenkräfte untereinander geschildert: er ist der Hermes, der hin- und hergeht, Rapport erstattet und die ohne ihn (αλογα) erstarrten geistigen Potenzen erwärmt, weckt, zum Austausch bringt. Seine Aufgabe ist es vor allen Dingen, die λογικαι φυσεις durch Hinweis auf die Schöpfung oder die Erfahrungen des Lebens zu der Erkenntnis zu bringen, daß sie nicht von selbst zufällig so geworden sind, sondern daß der unsichtbare Schöpfer auch sie erschaffen hat; der terminus techn. für diesen Schluß ist αναλογισασθαι oder στοχασασθαι, vgl. z. B. Greg. Nyss. de beat. M. 44 S. 1268 B ff.; vgl. zu v. 9 f. Ode 7 15; so soll er vor allen Dingen die γνωσις Gottes vorbereiten und ausbreiten in dem Menschenwesen. Es ist bekannt, welche Rolle dem Worte Gottes, das er am ersten Schöpfungstage sprach, von den Kirchenvätern zugewiesen wird; vgl. z. B. Cosm. indic. top. lib. III (Migne 88 S. 149 A): του παντοδυναμου θεου παραγαγοντος τους αγγελους παντας συν τωι ουρανωι και τηι γηι ουπω το προτερον οντας ισταντο

παντες εννεοι διακρινομενοι ως λογικοι αμα τε και ξενιζομενοι και διαλογιζομενοι τις αρα εστιν ο αυτων και των αμα αυτοις δημιουργος παραγωγευς· εθεωρουν γαρ αυτους τουτων ενδον οντας και ου προυπαρχοντας· ετι δε παλιν εις εστιν .αρα ο δημιουργος αυτων τε κακεινων η ετερος και ετερος· η παλιν εξ αυτοματου παρηχθησαν απαντα η τις αρα μειζων εστι του ετερου; ως δε εν τουτοις ησαν ανακυκλουντες τον λογισμον εν τωι διαστηματι της νυκτος εκεινης — εμβατευων ο θεος ταις αυτων διανοιαις αθροον φωνην αορατως ο θεος εκτυποι λεγων· γενηθητω φως· αμα δετωι λογωι το εργον εκ του μη οντος επακολουθησαν τους παντας εξεπληξεν αμα δε και εδιδασκεν ως ο τουτο εκ του μη οντος παραγαγων και αυτους και τα μετ᾽ αυτων εκ του μη οντος παρηγαγε usw. Diese Spekulationen sind aber sehr alt, vgl. die Auslegung des Mar Efrem bei Overbeck S. Epraemi syri alior. opp. select. S. 74 ff. Ich bin überzeugt, daß die nahe Verwandtschaft, die überall zwischen dem „Wort" und dem „Licht" besteht, auf diese Auslegung der Stelle in der Genesis zurückgeht, auch die Bezeichnung des Wortes als θυρα του φωτος v. 3 unserer Ode, vgl. auch Ode 41, v. 15; insbesondere glaube ich, daß v. 10 weiter nichts ist als eine Verlegung jenes äußeren Vorgangs bei der Schöpfung in das Innere der Seelenwelt, wie es ja durchgängig der Mystik des Verfassers entspricht. Möglich, daß Einzelheiten unserer Ode anders zu erklären sind, als es hier versucht ist; daß unsere Erklärung im ganzen, die den Schauplatz des Wirkens des λογος in die einzelne Menschenseele, nicht in die „große Welt" verlegt, richtig ist besagt mit aller nur wünschenswerten Deutlichkeit v. 11, mit dem der Verfasser, auf den Eingang der Ode zurückführend, den Menschen als das σκηνωμα des λογος bezeichnet: bei jeder anderen Auffassung sind diese Worte sinnlos.

Ode 31.

Die dämonischen Gewalten sind vor der Erscheinung des Herren zerstoben: Finsternis und Irrwahn scheucht der Aufgang seiner Wahrheit. Zu einem „neuen" Lied öffnet er den Mund vor

dem Höchsten und bringt ihm den Erfolg seines Sieges dar; der Vater nimmt ihn in Gnaden an und erkennt seine Arbeit an, v. 1—5. An die nicht mehr gebundenen, aber ihrer Freiheit noch nicht bewußten Seelenkräfte richtet er die Aufforderung, herauszugehen und das Heil zu ergreifen, das für sie bereit liegt. v. 7 ff. erzählt der Erlöser von sich, was er alles hat erdulden müssen, bis er so weit gekommen ist; das Ziel seiner Aufgabe gab ihm Geduld und Kraft auszuharren unter dem Druck der Verfolgungen seiner Feinde. So hat er schließlich sein Volk mit seinen Leiden erlöst und seine Verheißung wahr gemacht.

Die Erscheinung des „Herrn" ebenso wie sein Leiden unter der Feindschaft seiner Gegner ist im Anschluß an die Phraseologie der Psalmen geschildert. Natürlich finden die geschilderten Vorgänge ebenso innerlich in der Seele des Menschen statt wie überhaupt in den Oden; das „Volk", das er erlösen will, sind ebenso wie in den anderen Oden die Frommen (ܡܣܝ), die Gläubigen usw. die an die Sünde durch die παϑη gebundenen und dem Befreier sehnsüchtig entgegenharrenden Mächte des Willens in dem Menschen. Wer sich durch die „Erzväter" v. 11 etwa verleiten läßt an etwas anderes zu denken, kennt nicht die Gedankenwelt der alexandrinischen Exegese. — Die Dämonen und ihr Blendwerk verschwinden da, wo der Herr erscheint, d. h. der zum Christus gewordene λογος oder νους in seiner göttlichen Majestät aufgeht Die Wahrheit ist der Christenglaube, spezifisch bestimmt durch den Gegensatz zur πλανη oder ματαιοτης der irdischen und vergänglichen Welt. Diese Wahrheit bringt Christus, respekt. sein λογος, der erschienen ist ινα το εξω τον οντος γενομενον (= ημας τους εξ αβουλιας το ειναι παραφϑειραντας) εις το ον παλιν επαναγηι Greg. Nyss. de vita Mosis, Migne 44 S. 381 B. Alles, was in der Menschenseele der Wahrheit widerstrebt, muß vor seinem sieghaften Glanz verschwinden, vgl. Ode 24 7 ff. Die Söhne, die er Gott darstellt, sind die guten λογισμοι, ähnlich wie die νηπια Βαβυλωνος ψ 137 9 nach Origenes ad l. die φαυλα νοηματα bedeuten; der Ausdruck stammt aus Jes 8 18, ist auch Hebr 2 13 auf Christus bezogen, vgl. Mac. hom. 30 § 2: ολος ο

καματος και η σπουδη αυτου γεγονεν οπως γεννησηι εξ εαυτου
εκ της εαυτου φυσεως τεκνα εκ του πνευματος ανωθεν ευδο-
κησας γεννηθηναι εκ της αυτου θεοτητος; εδικαιωθη v. 5 besagt,
daß der Vater seine Arbeit anerkennt. In v. 7 ff. schildert das
ideale Subjekt, wie der leidende Gerechte in den Psalmen, was es
alles ausgestanden habe von seinen Widersachern, vgl. außer den
Psalmstellen auch Joh 14 30. Das, was der λογος in den einzelnen
Seelen durchmachen muß, bis seine göttliche Herrschaft in dem
μικρος κοσμος zur Geltung und Anerkennung kommt, ist ganz
dasselbe, was der geschichtliche Christus in der sichtbaren Welt
bis zu seiner endlichen Erhöhung durchkosten mußte: der εσω
ανθρωπος geht denselben Weg durch Leiden zum Herrschen.
In der literarischen Durchführung und, wenn möglich, in der
Durchlebung dieser Parallele besteht die Mystik unserer Oden; sie
ist gar nicht in dem Maße aus dem Gefühl geboren, wie es scheint,
sie ist durch verständige theologische Spekulationen eng umgrenzt,
nicht frei quellend. Deshalb ist auch der ästhetische Wert dieser
Ausführungen in theologischer Schulsprache nicht so hoch anzu-
schlagen. Den Schlüssel zum Verständnis des ganzen inneren
Dramas liefert Macar. hom. 27 § 1: ον τροπον αυτος δια παθη-
ματων και σταυρου παρηλθε και ουτως εδοξασθη και εκαθισεν
εν δεξιαι του πατρος — και ουτω χρη και σε συμπαθειν και
συσταυρωθηναι και ουτως ανελθειν και συγκαθισαι και συναφ-
θηναι τωι σωματι του Χριστου και παντοτε συμβασιλευειν εν
εκεινωι τωι αιωνι, Röm 8 17.

Ode 41.

Alle die von Gott geborenen und durch ihn befreiten Mächte
der Seele sollen ihn loben: wir wollen alle zusammen ihn, der uns
durch seinen Gesalbten zum Leben gerufen hat, preisen. Wir
stehen als Kinder des Lichtes mitten in dem hellen Tage des
neuen Bundes und haben alle Grund, ihm einmütig zu danken
für die Herrlichkeit, an der wir Anteil haben, v. 1—7. Alle, die
mich sehen, müssen staunen, denn ich bin anderer Art als sie,
vor Urzeit geschaffen, aus dem Reichtum des Wesens Gottes, ein

Gedanke seines Herzens, v. 9—10. Sein λογος ist allewege mit uns als Heiland und Erlöser; er, der verachtet wurde, ist erhoben worden wegen seiner im Leiden erprobten Gerechtigkeit. Als Sohn des Höchsten erschien er in der vollendeten Herrlichkeit seines Vaters; das Licht, in dem der λογος von Ewigkeit war, strahlte schließlich aus ihm heraus. Der Christus ist in Wahrheit nur einer, er wurde vor Gründung der Welt zum Erlöser bestimmt.

Der νους oder der εσω ανϑρωπος, der durch das gnädige Gedenken seines Vaters (v. 9) zur καινη κτισις geworden ist, faßt sich in v. 1—7 mit den anderen erlösten Mächten in der Menschenseele zusammen: lobe den Herren, meine Seele und *was in mir ist* seinen heiligen Namen. Er ist ja ein Kollektivum, eine εκκλησια, vgl. Mac. hom. 12 § 15, ein συγκριμα, ganz entsprechend dem sichtbaren συστημα των πιστων ibid. homil. 37 § 8, zu denken mit all den ταγματα der empirischen Kirche. Daß aus diesem Kollektivum das vornehmste Glied, das „Haupt", v. 8 ff. besonders hervortritt, kann nicht Wunder nehmen, denn das eigentliche Subjekt ist es schon im Vorhergehenden v. 1—7 und auch abgesehen davon ist es ου ϑαυμαστον ει εν ενι ψαλμωι ουχι εν προσωπον εστι το λεγον Origen. in psalm. (Migne 12 S. 1101). In v. 11 ff. redet der νους wieder im Chor mit den anderen Mächten der Seele zusammen von dem λογος, der als ihr gemeinsamer eigentlicher Erlöser erscheint: er hat in der Menschenseele dasselbe durchmachen müssen, was der geschichtliche Christus in der Welt leiden mußte, um zu seiner Herrlichkeit einzugehen. Auf der durchgängigen Parallele des Lebensganges Jesu mit den Schicksalen des individuellen λογος in der einzelnen Seele beruht, wie wir schon gezeigt haben, die ganze mystische Spekulation in unseren Oden; nur wird sonst der λογος vom νους nicht so klar unterschieden wie hier. Am Ende der Entwicklung strahlt dann von dem λογος das Licht auf, in dem er, φως εκ φωτος, von Anfang an war, vgl. Ode 12 3. 7; dann erscheint er, der bis dahin verachtete, als der Christus, als der Sohn, als der Erbe des ganzen Menschenwesens, als das von Gott zur Herrschaft über alles be-

stimmte Haupt, vgl. 7 18 23 17. Wenn in v. 11 ff. neben dem νους
der λογος noch als besonderes Prinzip genannt zu werden scheint,
so werden die, die die schwankende Terminologie der Kirchen-
väter und die Leichtigkeit, mit der man in solchen Fällen hypo-
stasiert, kennen, das nicht so ernst nehmen; in Wirklichkeit wird
hier eine Seite des νους, der ja nie αλογος ist, ebenso hypostasiert,
wie etwa der νους selbst, der je nach Bedürfnis auch wieder als
Energie der Seele erscheinen kann. Was der große Tag v. 4
bedeutet, wird uns in der folgenden Ode gesagt.

Ode 15.

Wie sich über die Sonne freuen die den Tag ersehnen, so
freue ich mich über den Herrn, der mich durch sein Licht von
der Nacht erlöst und mir den Tag des Heils gebracht hat, in
dem ich ihn erkenne. Den Weg des Irrtums habe ich verlassen
und seine Wahrheit ergriffen. Im Reichtum seiner Gnade hat er
mir das Kleid der Unsterblichkeit angelegt. Tod und Hölle sind
vor mir geschwunden, ewiges Leben ist im Lande Gottes auf-
gegangen: seine Gläubigen erkennen es und seinen Anhängern
wird es reichlich zu teil.

Das überkommene Bild von Jesu als der Sonne der Gerech-
tigkeit bietet der theologischen Mystik eine schier unerschöpfliche
Fülle von Beziehungen und Ausdeutungen: wer ihn liebt ist er-
leuchtet, schaut seinen Tag, hört seine Wahrheit, ist selig in
seinem Lichte: vgl. auch Origenes zu ψ 117 24 — ημεραν λεγει
την γνωσιν του X. und zu ψ 118 164 — παρ' ολον τον βιον
αυτου ο δικαιος φωτιζομενος εν ημεραι εσται τελειαι. Der
Mensch, den die παθη an das Irdische als τα μη οντα fesseln,
liegt im Tode; der ηλιος της δικαιοσυνης weckt ihn aus dem
Tode und verhilft ihm in der geistlichen oder mystischen Auf-
erstehung (αναστασις = ανακαινωσις) zu wahrem Leben in dem
οντως ον. Gleichzeitig öffnen sich bei ihm die Sinne für die
ewige Welt Gottes, durch Christus erleuchtet verläßt er die „Eitel-
keit" der sichtbaren Welt. Die πλανη des Sinnlichen hat seine
Macht über ihn verloren in dem Augenblick, wo er sich von ihm

abwendet; denn die παθη sind nur προτρεπτικαι aber nicht
αναγκαστικαι δυναμεις, alles hängt von der προαιρεσις der Seele
ab, die wohl τρεπτη aber nicht δετη φυσις ist, vgl. Mac. hom.
27 § 10 § 22; hom. 15 § 23 f. Anfangs muß sich der Mensch zum
Guten zwingen, später wirkt Chrstus von selbst in ihm seine Ge-
bote und er erfährt je länger je mehr, was Mac. hom. 19 § 6
schreibt: και γινεται αυτωι τα της αρετης παντα επιτηδευματα
ως φυσις· το λοιπον ελθων ο κυριος και γενομενος εν αυτωι
και αυτος εν τωι κυριωι, αυτος ποιει εν αυτωι τας ιδιας εντολας
ανευ καματου πληρων αυτον τον καρπον του πνευματος. So
vervollkommnet ihn Christus immer mehr und unter der Hand emp-
fängt er so unbemerkt die απαρχη des ewigen Lebens freilich
hier nur εν μυστηριωι und αποκεκρυμμενως, bis am Tage der
endgültigen Auferstehung die verborgene δοξα sichtbar auch die
Leiber der Heiligen umkleidet, vgl. Mac. hom. 2 § 5. Das Kleid
der Unsterblichkeit, von dem v. 8f. redet, ist jetzt noch ein ver-
borgener Schatz, vgl. Mac. hom. 5 § 8: αγωνισωμεθα ουν δια της
πιστεως και της εναρετου πολιτειας εντευθεν κτησασθαι το
ενδυμα εκεινο ινα μη εκδυσαμενοι το σωμα γυμνοι ευρεθωμεν
και ουκ εστιν ο δοξασει ημων εν εκεινηι τηι ημεραι την σαρκα
εκαστος γαρ οσον κατηξιωθη δια της πιστεως και σπουδης με-
τοχος αγιου πνευματος γενεσθαι τοσουτον εν εκεινηι τηι ημεραι
δοξασθησεται αυτου και το σωμα· ο γαρ νυν εναπεθησαυρισεν
ενδον η ψυχη τοτε αποκαλυφθησεται και φανησεται εξωθεν
του σωματος; ibid. § 10. § 11. § 12. Dieselbe geistige Umwand-
lung wird v. 10f. in einem anderen aus den Psalmen entlehnten
Bild anschaulich gemacht. Die Seele — Beispiele dafür zu er-
bringen, daß γη θεου = ψυχη, ist überflüssig — ist durch Gottes
Einwirkung zu einer γη ζωντων geworden; Gott hat in diesem
seinem Lande das in den Psalmen erwartete Gericht vollzogen:
die „Gläubigen" sind übrig geblieben und leben vor ihm, die
anderen sind vor ihm verschwunden (vgl. Ode 24 7 ff.).

Ode 22.

Gott, der mich aus der Höhe herab- und aus der Tiefe emporgeführt hat und mich in diese mittlere Welt gestellt hat, hat mir den Sieg gegeben über meine Feinde und mir die Macht verliehen Ketten zu zerbrechen; er hat mir in dem heißen Kampf mit dem siebenköpfigen Drachen geholfen und mich seine letzten Wurzeln finden lassen, damit ich seiner Brut ganz den Garaus machen könne. Du hast, o Gott, einen Weg für deine Gläubigen bereitet und sie aus dem Grabe zur Auferstehung geführt. Deine Erscheinung hat das Alte zerstört und alles neu gemacht. Dein Fels ist die Grundlage des neuen geistigen Baues deines Reiches in mir geworden.

v. 1 ff. wird wohl auf die Stellung des Menschenwesens als μεϑοριον der Engel und der Dämonen angespielt, vgl. auch Gregor. Nyss. de vita Mos. M. 44 S. 329D; möglicherweise auch darauf, daß der Mensch nach der bekannten Anschauung der Kirchenväter der συνδεσμος ist zwischen der φυσις λογικη und der φ. αλογος vgl. Nemes. de nat. hom. cap. I (Migne 40 S. 512): και ουτως πασι παντα μουσικως συνηρμοσε και συνεδησε και εις εν συνηγαγε τα τε νοητα και τα ορατα δια μεσου της των ανθρωπων γενεσεως . . . . οτι νοητης γενομενης ουσιας και παλιν ορατης εδει γενεσθαι τινα και συνδεσμον αμφοτερων . . . Der Ausdruck συνδεσμος vom Menschen ist in dieser Beziehung ganz bekannt, vgl. Cosm. indic. bei M. 88 S. 225C und 367A, findet sich als ‏ܐܣܘܪܐ‎ auch bei den Syrern, schon bei Efrem. Interessant für unsere Stelle v. 2ª ist besonders Efrem bei Oberbeck S. 77 25 f. ‏ܗܘ ܕܒܪ ܘܚܒ ܚܬܝܬܐ ܠܒܪ ܡܪܝܡ ܡܥܠ ܘܡܘܐ ܘܥܠ ܘܦܠܗ ܚܙܝܢܐ‎ — ! Wie dem auch hier sein mag, jedenfalls sind die Widersacher des redenden νους oder λογος die dämonischen λογισμοι in der Menschenseele, die darauf aus sind den Menschen αιχμαλωτιζειν εις τουτον τον κοσμον und ihn mit Hilfe der παϑη an das Irdische fesseln wollen. Der νους—λογος hat als berufener Heiland der Seele von Gott die Macht erhalten, diese Fesseln zu lösen, vgl. die schon besprochenen Oden. Χρη γαρ ολον τον αγωνα τον ανϑρωπον εκτελειν εν τοις λογισμοις και την περικειμενην υλην των πονηρων λογισμων αποκοπτειν Mac. hom. 6 § 3. Ohne Gottes Hilfe ist der Mensch in diesem εμφυλιος πολεμος machtlos: οντος ο πολεμος δια χαριτος και δυναμεως θεου καταργεισθαι δυναται· δι' εαυτου γαρ τις ρυσασθαι αυτον της εναντιοτητος και πλανης των λογισμων και παθων αορατων και μηχανων του πονηρου αδυνατει Mac. hom. 21 § 4. Der siebenköpfige Drache v. 5 ist ein Bild der sieben oder acht bösen Leidenschaften in der mönchischen Askese. Die Zahl geht wohl letzten Endes zurück auf Mt 12 45 oder auch Mc 16 9, womit man die sieben Heidenvölker Deut 7 1 kombinierte; vgl. Method Ol. symp. lib. 8 § 10 mit § 12 ebenda, wo gesagt wird, daß der an jener Stelle als siebenköpfiger Drache geschilderte Feind αρασθαι των επτα παλαισματων υμας συγχωρησει τα αριστεια. Jedenfalls geht aus cap. 13 ebenda deutlich hervor, daß die Zahl eher fest stand als der Inhalt der sogenannten Lastergruppe. Aber der Erlöser schafft nicht nur die Arbeit im großen und groben in der Menschenseele, es gelingt ihm mit Gottes Hilfe auch den Rest der Brut des Bösen in seinem Schlupfwinkel aufzuspüren und zu vernichten, v. 5ᵇ. Denn der Mensch kann wohl den Angriffen des Bösen im allgemeinen widerstehen, aber die immer wieder treibenden Wurzeln des Bösen kann Gott allein ausrotten, vgl. Mac. homil. 3 § 4: λοιπον το εκριζωσαι την αμαρτιαν και το συνον κακον τουτο τηι θειαι δυναμει μονον δυνατον εστι κατορθωσαι· ουκ εξεστι γαρ ουτε δυνατον ανθρωπωι εξ ιδιας δυναμεως εκριζωσαι την αμαρτιαν· το αντιπαλαισαι το αντιμαχεσθηναι δειραι δαρηναι σον εστιν εκριζωσαι δε θεου εστιν. Den Gläubigen, d. h. den Mächten in der Seele, die ihm glauben, bereitet Gott wie den Israeliten in der Wüste einen Weg, als sie aus der Gefangenschaft erlöst heimkehrten. In v. 8 ff. wird, ohne daß das alte Bild fallen gelassen wird, ein anderes im Anschluß an Ezechiel und Deuterojesaia eingeführt. Die Erscheinung (επιδημια) des Gesalbten hat in der Seele eine vollständige Revolution hervorgerufen: das Alte ist vergangen und er macht alles neu; die geistige αναστασις, die v. 9 geschildert wird, ist sachlich ganz dasselbe wie die ανακαινωσις, von der v. 11 redet, denn ην Παυλος ο αγιος εξαναστασιν ειρηκε ταυτην Δαυιδ ανακαινισμον προσηγορευσεν, Orig. ψ 103 30. Diese neue geistige Verfassung (καταστασις) ruht auf der πετρα Christi, d. h. auf seiner Erlösung, vgl. Greg. Nyss. in cant. cant. M. 44 S. 877B πετραν δε την ευαγγελικην ονομαζεσθαι χαριν ουδεις αντειποι —. „Welt" v. 11 = die Menschenseele wie schon öfter.

Ode 21.

Ich danke Gott für die Hilfe, die er mir erwiesen hat. Er hat mir die Fesseln abgenommen und mein ganzes Wesen erleuchtet und verklärt. Meine Glieder sind frei von aller Krankheit der Leidenschaften und stimmen ganz überein mit meiner Seele. Seine Gemeinschaft hat mich hoch erhoben und in seine Nähe gestellt; die Erfahrung seiner Herrlichkeit, aus meinem Herzen überquellend, erfüllt meinen Mund mit dankendem Lobpreis.

Das Lied bringt nichts neues. Die Fesseln (die Finsternis) sind wie überall in den Oden ein Bild für die γηινοι δεσμοι des Irdischen, in denen die ψυχη εμπαθης gehalten ist, resp. für die αγνοια, die sie umfängt. Durch Ablegen der Leidenschaften werden die Glieder gesund und stark und in der απαθεια fähig dem Geist zu dienen: es herrscht jetzt nicht mehr das „Gesetz der Sünde" in ihnen. In diesem Zustand ist der Mensch ein υιος φωτος και ημερας. Zu danken für diese wunderbare Neuschöpfung seines Wesens ist die Aufgabe des Dichters und Beters.

Ode 4.

Dein heiliger Ort bleibt in Ewigkeit bei uns, keine Macht kann deine Gegenwart uns rauben; denn ihn hat dein Rat von Ewigkeit her bestimmt zum Heiligtum und die jüngeren Orte werden ihn nicht verdrängen (?). Du hast deinen Gläubigen dein Herz gegeben — höre nicht auf bei ihnen zu weilen und selige Frucht zu bringen! Wer einmal deine Gnade hat, dem kann sie nicht ungerechterweise wieder genommen werden. Du hast uns aus freier Gnade ungezwungen deine Gemeinschaft gegeben: so laß denn auch den Segen deiner Gemeinschaft uns erquicken und den Quell deiner Gottheit ausströmen ohne Aufhören. Du kennst ja als Gott keine Reue, keinen Widerruf deiner Verheißung, du wirst auch durch nichts überrascht, denn von Ewigkeit her wußtest du alles, was in uns vorgehen würde.

Wer im Zusammenhang dieser Ode an einen wirklichen Ort zu denken fertig bringt muß sich das Wort des Origenes gefallen lassen: της εσχατης δε αγνοιας το εν τοπωι νομιζειν ειναι τον θεον (zu ψ 41 v. 11); denn τα σωματικως περι θεου λεγομενα θεοπρεπως ακουστεον! M. 17. 108 (ψ 13). Die τοποι in geistigen Dingen sind dem Origenes — und nicht ihm allein — immer geistige Größen, αρεται oder ιδιωματα, vgl. später Ode 23 15; dann ου τοπου αλλα αρετης ο θεος (zu ψ 73 3), τοπος θεου ψυχη καθαρα oder genauer τοπος κυριου νους καθαρος (zu ψ 131 5), vgl. Mac. hom. 15 § 22 ff. und Greg. Nyss. in cant. cant. M. 44 S. 805 C—D: ο τοιουτος και τοσουτος ο πασαν τηι παλαμηι περισφιγγων την κτισιν ολος σοι χωρητος γινεται και εν σοι κατοικει usw. usw., θεου τοπον νοητεον παντας τους χωρουντας δυναμιν θεου Orig. bei Migne 13. 776. Dies Kapitel über den τοπος του θεου ließe sich an der Hand der Spekulationen der Kirchenväter sehr weit ausspinnen und es ist unbegreiflich, daß man nicht von Anfang an an diese bekannten Gedanken gedacht hat, zumal v. 5 und v. 9 doch mit dürren Worten gesagt ist, wie dieser „Ort" zu verstehen ist. Der Dichter bittet als Sprecher der εκκλησια in dem Gebet Gott um nichts anderes, als daß er ihm seine Gnadengegenwart oder das göttliche Prinzip, das er ihm gegeben habe, nicht entziehe, vgl. die Stimmung der Ode 18 und unsere Erläuterungen zu Ode 28 15 ff.; er möge sich nicht zurückziehen von der Seele, zu v. 5 vgl. Joh 5 17, sondern sie sein Innenwohnen in seligen Früchten der Gottesgemeinschaft und in dem unerschöpflichen Quell seiner Süßigkeit (v. 5. v. 10) schmecken lassen. Die selige Erfahrung solcher „Stunden" (v. 6) hat Mac. in der sehr lehrreichen achten Homilie seiner Sammlung beschrieben. Solche Stunden mystischen Genusses im Gebete hervorzurufen, zu erzwingen durch Technik und Meditation, ist das Ziel des Asketen; sie sind die „Früchte" der Gottesgemeinschaft, der

Beweis, daß der Ewige in uns wohnt und sein Werk an uns nicht im Stich gelassen hat. Der Genuß selbst wird in Bildern verschiedener Art festzuhalten versucht, vgl. Mac. hom. 8 § 3; in unseren Oden wird er beschrieben etwa als ein lichtes Kleid, das sich umlegt, oder als die Liebesgemeinschaft zwischen Braut und Bräutigam oder als die selige weltentrückte sturmlose γαληνη des νους. Von diesen Erfahrungen hängt das wahre Leben der Seele ab; εκεινο γαρ εστιν αυτης ζωη και αναπαυσις η του επουρανιου βασιλεως μυστικη και αρρητος κοινωνια Mac. hom. 4 § 15. Diese κοινωνια oder χαρις ist die σφραγις oder das σιγνον, das Gott den νοεραι oder λογικαι φυσεις aufgedrückt hat. — Ich glaube daß auch in unserer Ode, die durchaus gleichartig ist mit den anderen, das ideale Subjekt der νους oder λογος als ηγουμενος der geistigen Kräfte in der Menschenseele ist; vgl. noch v. 14 mit Ode 7 11.

Ode 5.

Ein Gebet um glücklichen und gesegneten Fortgang der Arbeit, die Gott durch seinen Geist in der Seele im Verborgenen begonnen hat. Das Leben, dessen Prinzip die Seele in der göttlichen „Gnade" erhalten hat, wird sich durchringen, der Kampf, in dem sie steht, muß mit ihrem Sieg endigen, weil Gott ihre Hoffnung ist und seine Treue sie nicht im Stich läßt. Der Inhalt stimmt ganz mit den psychologischen Voraussetzungen von Ode 18 oder auch von Ode 4; nur wird in unserem Liede der Grund der Besorgnis in v. 4 ff. genauer angegeben als in Ode 4. Die mit den Farben der kanonischen Psalmen gemalten Verfolger sind natürlich die Dämonen und die geistigen Anfechtungen, die von ihnen ausgehen. Die Hoffnung der Seele beruht auf der unzerstörbaren und unverlierbaren κοινωνια Gottes mit ihr.

Ode 6.

Meine Glieder alle sind ein reingestimmtes Instrument des Geistes Gottes, der in mir alles Fremde vernichtet hat, Gott, der da will, daß die Gaben seiner „Gnade" (d. h. χαρις) erkannt werden, hat mir zu klarer Erkenntnis verholfen: darum preist unser Geist seinen heiligen Geist, der also in uns wirkt. Ein kleiner Abfluß (des Meeres seiner Gottheit, seiner Erkenntnis usw.) ging aus und wurde in mir zu einem großen und breiten Strome, der alles (Widerstrebende) ergriff und zum Heiligtum brachte. Vergeblich war die Mühe, die sich Menschen und Dämonen gaben den Strom einzudämmen: er verbreitete sich (wie das Paradieswasser) über das ganze Land und erquickte alle die durstigen Wesen in ihm. Selig müssen die sein, die den Trank Gottes an die Verdürstenden ausgeteilt und die Verkommenden zum Leben erquickt haben!

Die Grundlage des Verständnisses der Ode ist die Erkenntnis, daß v. 7 ff. weiter nichts ist als die Schilderung der Seelenstimmung des Dichters, die in v. 3 schon im voraus skizziert ist. Der Fehler, an dem alle Erklärungsversuche leiden, ist die Annahme, daß in diesen Versen die Schilderung irgendeines äußeren historischen Vorganges, etwa der Ausbreitung des Christenglaubens in der Welt, vorliege. Der Dichter geht v. 7 ff. zu gar nichts neuem über, sondern bleibt bei der Darstellung innerer Vorgänge; man darf beileibe nicht an den historischen Christus und die Durchsetzung seines Lebenswerkes in der Welt denken, sondern an die inneren Erfahrungen des Mystkers. — Wenn der Dichter seine Seele mit einer Zither bezeichnet, so will er damit sagen, daß sein ganzes Wesen unter der Herrschaft des Geistes steht und ein gefügiges Werkzeug seines Willens geworden ist; denn κιθαρα εστι ψυχη πρακτικη υπο των εντολων του θεου κινουμενη, ψαλτηριον δε νους καθαρος υπο πνευματικης κινουμενη γνωσεως, κιθαρα = σωμα, ψαλτηριον = πνευμα, τα μελη = χορδαι (Origenes zu ψ 32 2). Deshalb heißt es in v. 3 unserer Ode, daß in der Seele (von dem Geist oder dem Herrn oder seiner Liebe) alles Fremde zerstört und so alles Gottes Eigentum geworden ist. Gewöhnlich herrscht in der Menschenseele nicht diese „Einigkeit im Geist", sondern μαχη und ταραχη der Glieder gegen den Geist und des Geistes gegen die Glieder, ein Kampf der κατα φυσιν λογισμοι gegen die dämonischen Eingebungen; denn durch den Sündenfall ist das zwiespältige Wesen, ist die „Zahl", d. h. der feindliche

ποσωι μαλλον αυτος ων ως θελει και ο θελει δια χρηστοτητα αφραστον και αγαθοτητα ανεννοητον μεταβαλλει και σμικρυνει και εξομοιοι εαυτον σωματοποιων κατα χωρησιν ταις αγιαις και αξιαις πισταις ψυχαις ινα οραθηι αυταις ο αορατος και ψηλαφηθηι κατα την φυσιν της λεπτοτητος της ψυχης ο αψηλαφητος —. Diese Stellen aus Mac. homil. 4 § 9 ff. geben einen Begriff von der σωματοποιησις, die auch in unserer Ode v. 4 ff. gemeint ist; wer an die geschichtliche Menschwerdung in Jesu denkt versteht die ganze Ode nicht. Im besonderen Sinne ist nun aber das „Wort" geeignet, der Träger seines Wesens zu den Seelen zu werden; so redet Mac. hom. 12 § 16 von der Gemeinschaft zwischen Marie und Jesu: και τηι Μαριαι αγαπωσηι αυτον και παρακαθεζομενηι παρα τους ποδας αυτου ουχ απλως προσετεθη αλλα δυναμιν τινα κρυψιμαιαν εκ της αυτου ουσιας εδωκεν αυτηι· αυτοι γαρ οι λογοι ους ελαλει ο θεος μετα ειρηνης τηι Μαριαι πνευματα ησαν και δυναμις τις· και ουτοι οι λογοι εισερχομενοι εις την καρδιαν ψυχη εις ψυχην και πνευμα εις πνευμα και δυναμις θεικη επληρουτο εις την καρδιαν αυτης· εξ αναγκης γαρ εκεινη η δυναμις οπου καταλυσει παραμονος γινεται ως κτημα αναφαιρετον. Dieser λογος ist der Vater der Erkenntnis v. 9, d. h. alle Gotteserkenntnis in der Seele geht auf ihn zurück. Der allweise Schöpfer wußte vor meinem Dasein, was ich tun würde und gab mir deshalb sein Wesen in dem λογος und damit die Aussicht auf die τελειοτης, die an die Teilnahme seines Wesens gebunden ist. Der λογος wirkt nun in den λογικαι φυσεις vor allem durch seine Deduktionen, indem er z. B. στοχαστικως von dem Sichtbaren auf den unsichtbaren Schöpfer schließt, und durch die innere Dialektik die Erkenntnis, daß sie nicht von selbst und von ungefähr sind, sondern daß ein geheimnisvoller Schöpfer da sein muß, vgl. Ode 12 10. 16 9 ff. Das ist der Hauptinhalt der γνωσις, der er nach v. 16 ff. den Weg in der Seele bereitet. Für seine unermüdliche und erfolgreiche (v. 17[b]) Aufklärungsarbeit im Dienste des Höchsten (des Schöpfers, des Gott-Logos) bekommt er zum Schluß seinen Lohn; der, in dessen Dienst er steht ist von seinem Erfolg befriedigt und läßt ihn nun

alles in der Menschenseele „erben", vgl. 23 17. Die Bezeichnung „Sohn" für den λογος im Menschen, die απορροια θεικη, um mit Clemens Al. zu reden, ist in unseren Psalmen gewöhnlich. Das Ziel der Wirkungen des Logos im Menschen ist, daß der Höchste selbst, d. h. Gott oder sein Logos in dem Menschen einziehe, v. 19 ff. Es gibt zwei επιδημιαι του Χριστου; einmal die επιδημια σωματικως γενομενη καθολικη και επιλαμψασα ολωι τωι κοσμωι, daneben aber χρη ειδεναι οτι και προτερον επεδημει ει και μη σωματικως ως εν εκαστωι των αγιων και μετα την επιδημιαν αυτου ταυτην την βλεπομενην παλιν ημιν επιδημει (Orig. hom. in Jerem 9 Migne 13 S. 348 B). Die erstere Erscheinung Christi ist mehr für die απλουστεροι, der wahre Gnostiker kennt ihn nicht κατα σαρκα, er erfährt ihn in der μυστικη και αρρητος κοινωνια. Es wird von dem Gott Liebenden erwartet, daß er in immer-währender προσδοκια ausschaue nach dem Geliebten, der an der Türe steht und klopft, ob man ihm die Türe öffne damit er mit seiner Seligkeit einziehen könne; die Ausdrücke für diese Seelen-stimmung sind προσδοκαν, εκδεχεσθαι, ασχολεισθαι προς θεον. Man erzwingt seine Gegenwart durch das προσκαρτερειν τηι προσευχηι in dem man alle Gedanken auf ihn konzentriert; vgl. Mac. hom. 19 § 2 — ταις ευχαις προσκαρτερειτω δια παντος δεο-μενος και πιστευων ινα ελθων ο κυριος ενοικησηι εν αυτωι και καταρτισηι και δυναμωσηι αυτον εν πασαις ταις εντολαις αυτου· και ινα αυτος ο κυριος γενηται κατοικητηριον της ψυχης· — προσδοκων αει εν πολληι αγαπηι αυτον; ibid. § 1 εις την ευχην χρη αυτον παντοτε προσκαρτερειν εν πιστει προσδοκιας του κυριου την επισκεψιν και βοηθειαν αυτου παντοτε εκδεχομενον; ibid. § 8 hom. 29 § 5. hom. 31 § 3 f. hom. 33 § 1. Wie es in der Gemeinde αγιοι, ψαλλοντες und ορατικοι (διορατικοι) gibt, so natürlich auch in der als εκκλησια dargestellten Seele. Das „Land' v. 23 ist wie immer das Herz oder die Seele. auch wenn es v. 27 nicht deutlich genug zum Schluß gesagt worden wäre, daß der ganze Vorgang in der Seele spielt.

Ode 8.

Der Redende fordert die Seelenkräfte auf guten Mutes zu sein
und dem Herrn dankerfüllt zu frohlocken: die bis dahin gebeugt
darniederlagen sollen sich erheben, und die in trostloser Trauer
verstummten sollen reden; denn ihre Gerechtigkeit ist nach dem
Leiden von Gott anerkannt und erhöht worden. Die Rechte des
Herrn ist mit ihnen und seine Hilfe verbürgt ihnen den Frieden
schon vor dem Kampfe. Nach einer Aufforderung zum andäch-
tigen Anhören der Botschaft, die ihnen unbegreiflich dünken wird,
verkündet er ihnen im Namen des Herrn: haltet an mir fest, denn
ich lasse meine Erwählten von Urzeit nicht, die an den Brüsten
meines Lebens gesogen haben und unter meiner Fürsorge heran-
gewachsen sind. Ich bleibe den Meinen, dem νους und der
καρδια, die in besonderem Sinne meine Geschöpfe sind, treu bis
zuletzt; ihnen meinen Knechten muß das Reich bleiben, wer will
es wagen sich ihnen zu widersetzen?! Meine Gerechtigkeit (= Heil)
soll vor ihnen aufgehen und mein Name bei ihnen bleiben. Mit
einer nochmaligen Mahnung zum treuen Aushalten bei Gott und
dem Hinweis auf die ewige Vollendung schließt der Psalm.

Die betrübten und unter mancherlei Anfechtungen zweifelnden
und verzagenden λογισμοι in der Seele sollen aufgerichtet und
getröstet werden. Das geschieht in der Form, daß etwa der
λογος in dem Menschen, der Gott ganz besonders nahe steht und
seine Gedanken kennt, als Bote in seinem Namen auftritt und der
an ihrem Heil zweifelnden Gemeinde Mut zuspricht. Er weist sie
hin auf das unzerreißbare Band der Gemeinschaft, das durch ihre
edelsten Glieder, ihr Haupt, zwischen Gott und ihnen besteht.
Der νους und die καρδια — die ganz dasselbe ist wie jener, wie
Origenes in seinen Bemerkungen zu den Psalmen mehrfach her-
vorhebt — sind als das geistige Prinzip im Menschen Gottes
Kinder, durch das λογικον γαλα seines Wesens im Worte genährt
und unter seiner Fürsorge groß geworden. An seinen Wesen ge-
nährt tragen sie das Siegel ihres göttlichen Ursprungs auf der
Stirn und wer dies Siegel trägt, der kann nicht verloren gehen.
Diese seine Knechte werden schließlich über die Feinde triumphieren

und die ganze Gemeinde gewinnen, wenn diese bei Gott treu aus-
hält. — ܠܘܰܐ ist mit Sicherheit αγαλλιασις, der bevorzugte Aus-
druck für den Siegesjubel der von Gott befreiten Seele. Die
psychologischen Voraussetzungen des Liedes sind klar; sie sind
offenbar ähnlich wie in Ode 18 und Ode 4, vgl. auch die ver-
wandte folgende Ode. Gott kann seine Erlösung im Menschen
nicht unvollendet liegen lassen — diese Überzeugung wird ge-
gründet auf das göttliche Wesen des νους im Menschen.

Ode 9.

Hört meine Botschaft, den heiligen Ratschluß des Höchsten
über seinen Gesalbten. Gott will euer Leben, sein Plan geht auf
euer ewiges Heil, eure Vollendung steht unerschütterlich fest.
Haltet nur an ihm fest, gewinnt Kraft und laßt euch durch seine
Gnade erlösen: die sich treu zu ihm bekennen, sollen nicht zu
schanden werden. Eine ewige Krone ist die Wahrheit, sie wartet
euer — bei den Kämpfen um sie siegte die Gerechtigkeit und
gab sie euch. Setzt diese Krone auf nach dem unveränderlichen
Bunde Gottes. Alle (unter euch), die siegen, werden in sein Buch
geschrieben und das wird euch als Sieg angerechnet; er (?) schaut
nach euch aus und wünscht eure Erlösung.

Hier tritt die Form der Verkündigung einer göttlichen Bot-
schaft noch deutlicher zutage als in Ode 8. Die Anrede ist etwa
so gehalten, wie der Priester oder Prophet in der Gemeinde redet:
er teilt seine Zuhörer ein in verschiedene Gruppen, vgl. Ode 8
v. 11 ff. Der Plan, den Gott nach v. 2 mit seinem Gesalbten vor-
hat, wird v. 3 ff. ausgeführt; der Gesalbte ist das Kollektivwesen,
das im folgenden mit ihr angeredet wird, wobei nicht ausge-
schlossen ist, daß unter den Mächten der Seele eine besondere
gemeint ist, vielleicht der Redende (νους oder λογος) selbst. Der
Plan, den Gott mit ihm vorhat, ist ausgesprochen in dem uner-
schütterlichen Entschluß, daß er sein ewiges Leben, seinen völligen
Sieg will. v. 9 f. ist wohl beeinflußt von der „Krone der Gerech-
tigkeit" II Tim 4 8. Im Prinzip ist die Krone der Seele schon
zugesprochen, Gott wird seinen Bund (v. 11) schon halten; es

kommt nur darauf an, daß sie das Heil ergreift und treu festhält,
v. 5 ff. In v. 12 f. soll wohl der Gedanke ausgesprochen sein, daß
die einzelnen Siege, d. h. Taten, in das bekannte Buch eingetragen
werden und in ihrer Summe bei der Abrechnung der ganzen Seele
zugute kommen. Der Erfolg der Siege hier auf Erden zeigt sich
deutlich erst dort, bei der Auferstehung, aber einen αρραβων er-
halten sie jetzt schon in der inneren Erfahrung; sie ist die Aparche
des ewigen Lohnes: τα τελεια των αγωνισματων τοις καλως
αθλησασι μετα τον βιον αποκειται τουτον· ουδεν δε ηττον και
ηδη η χαρις του θεου αρραβωνιζεται τους αθλητας Orig. in libr.
Reg. Migne 12 S. 1045 A.

Ode 11.

Das Herz ist durch den heiligen Geist beschnitten worden
und bringt nun die Früchte der Gnade. Die geistige Beschnei-
dung ward mir zur Erlösung; ich wandele nach ihr auf dem Wege
der Wahrheit von Anfang bis zu Ende. Gott hat mich seiner
Erkenntnis gewürdigt und mich mit geistigem Wasser aus seiner
Fülle getränkt zu seliger Trunkenheit. Vom Vergänglichen habe
ich mich gänzlich abgewandt zu Gott hin; er hat mich erneuert
und mir sein göttliches Lichtkleid umgelegt. Ich bin durch seine
Einwirkung wie ein sprossendes Land unter der Gottessonne. Mein
ganzes Wesen, alle meine geistigen Sinne sind erquickt und er-
frischt. Ich bin in sein Paradies versetzt worden und preise an-
betend seine Herrlichkeit; er läßt die Bäume seines Gartens, die
er gepflanzt hat, unter seiner Fürsorge zur seligen Vollendung
heranwachsen. Alles an ihnen und in ihnen wird anders durch
seine Gnade, so daß sie ganz und gar seine Geschöpfe sind, die
durch ihr Dasein seine Treue ewiglich verkünden. So weit und
groß sein Paradies ist, so ist nichts in ihm leer, sondern alles
voller Früchte.

Die Beschneidung ist in der asketisch-mystischen Literatur
ein so gebräuchliches Bild, daß man sich die Anführung beson-
derer Stellen schenken kann. Man unterscheidet frühzeitig wieder
die psychische Beschneidung, durch die die Seele von den παθη

und die pneumatische, durch die der νους von der αγνοια befreit wird; als Vorhaut wird dabei das καλυμμα betrachtet, mit dem die Sünde die Erkenntnis umhüllt, vgl. auch v. 2ᵇ. V. 3 könnte man auf die πρακτικη beziehen, auf die εναρετος πολιτεια, die überall als Vorstufe für die eigentliche γνωσις gilt. Die υδατα λογικα v. 6 sind natürlich keine redenden oder sprechenden (!) Wasser, sondern die λογοι, in denen Christus selbst in die Seele übergeht. Der Zustand, in den die Seele durch den Trunk aus dem Gottesbrunnen versetzt wird, wird nach alttestamentlichem Bilde μεθη genannt. Es gibt eine doppelte μεθη, eine μεθη της υλης Mac. hom. 24 § 5 oder auch της αγνοιας (v. 8) genannt vgl. Mac. hom. 31 § 5, und eine μ. της αγαπης του θεου Mac. hom. 8 § 2, wenn die Gläubigen μεμεθυσμενοι εις τα επουρανια (Mac. hom. 15 § 36) sind ωσπερ εν μεθηι ποτου ευφραινομενοι και μεθυοντες τωι πνευματι μεθην θειων μυστηριων πνευματικων, Mac. hom. 18 § 7. Diese Trunkenheit der Gottesliebe vermag allein die gefesselte Seele von dem Irdischen zu befreien und mit Gott zu einen. Denn wenn die Liebe zum Weibe den Mann so zwingt, daß er um seinetwillen Vater und Mutter verläßt und mit ihm ein Fleisch wird, wieviel mehr wird die Gottesminne die Seele von allen anderen Banden lösen und sie mit dem Geliebten eins werden lassen εις εν πνευμα? Mac. hom. 4 § 15. Gott hat die Seele innerlich, εν μυστηριωι, bereits mit dem Lichtgewand bekleidet, v. 10, das bei der Auferstehung des Leibes sichtbar werden wird, vgl. Ode 99 f.; daß das keine Illusion ist, erfährt der Heilige in der Ekstase, wenn ihn Gott fähig macht, seine eigene Seele zu schauen und das ενδυμα φωτεινον, das sie trägt, vgl. Mac. 8 § 3, wo von den Erscheinungen in der Ekstase die Rede ist. Die Seele ist durch die Bearbeitung Gottes sein γεωργιον geworden, v. 11; nur ein anderes sehr gebräuchliches Bild für denselben Zustand ist es, wenn die von Gott behüteten Seelen v. 14 ff. als gute Bäume im Paradies Gottes gepflanzt erscheinen; vgl. hierzu Ode 38 17 ff.

Ode 14.

Meine Seele hängt erwartungsvoll an dir, o Gott, denn sie ist in allem Notwendigen von dir abhängig: du nährst mich und wärmst mich wie die Mutter ihr Kind, laß mir deine Gnade, reich mir deine Hand und leite mich zu einem guten Ende. Erhalte mir dein Wohlgefallen, deine Lindigkeit und die seligen Früchte deiner Liebe. Lehre mich frohe Dankeslieder singen auf deine Treue, gib mir nach dem Reichtum deiner Gnade. Erfülle bald unsere Bitten, Allmächtiger.

Im Anschluß an das Bild ψ 123 2 stellt der Dichter die völlige Abhängigkeit der Seele und ihres Lebens von Gott dar: εκεινο γαρ εστιν αυτης ζωη και αναπαυσις η του επουρανιου βασιλεως μυστικη και αρρητος κοινωνια Mac. hom. 4 § 15; ωσπερ το νηπιον ουκ οιδεν εαυτο θεραπευσαι η τημελησαι αλλα μονον αποβλεπει προς την μητερα κλαιον ποτε σπλαγχνισθεισα τουτο αναλαβηται ουτως αι πισται ψυχαι μοναι τωι κυριωι ελπιζουσιν αει πασαν δικαιοσυνην αυτωι απονεμουσαι, hom. 31 § 4; ωσπερ τωι σωματι — η ζωη ουκ εξ αυτου εστιν αλλ' εξωθεν αυτου — ουτως και η ψυχη εαν μη γεννηθηι απο του νυν εις εκεινην την γην των ζωντων κακειθεν τραφηι πνευματικως και αυξησηι πνευματικως τωι κυριωι προκοπτουσα και αμφιασθηι εκ της θεοτητος αρρητα αμφια ουρανιου καλλους χωρις εκεινης της τροφης ζησαι αυτην εν απολαυσει και αναπαυσει αφ' εαυτης αδυνατον· εχει γαρ η θεια φυσις και αρτον ζωης usw. Mac. hom. 1 § 11 vgl. damit hom. 31 § 4: αυτος εν σοι παντα γενομενος παραδεισος usw. Das syrische ܠܡܣܐ v. 2 bezeichnet die τρυφη oder θαλπωρη, die der Säugling braucht; denn auch die Seele steigt durch die λογικη τροφη von Stufe zu Stufe bis zum „vollkommenen Mannesalter". Zu der Befürchtung in v. 3 vgl. Ode 8 und Ode 9; Gott hat ihr sein Erbarmen bis dahin bewiesen, er wird es ihr auch bis zuletzt erhalten. Die Ausdrücke v. 5 um deines Ruhmes — um deines Namens willen sind wie viele andere in den Oden aus der religiösen Sprache des AT, besonders der Psalmen, entlehnt und den veränderten religiösen Verhältnissen entsprechend mit etwas anderem Inhalt erfüllt; v. 6ª gehört zu v. 5. Zur Bedeutung der Zither vgl.

Ode 6; nur dann erklingt die zehnsaitige — die χορδαι sind die
5 Sinne des Leibes und die 5 Sinne der Seele — rein, wenn Leib
und Seele in vollkommener Harmonie ein Organ des Geistes ge-
worden sind. Der Pluralis des Pronomens im ܡܠܠܬ zeigt an, was
auch abgesehen von dieser Stelle deutlich ist, daß in unserer Ode
dasselbe Kollektivwesen redet wie überall in dieser Sammlung;
an das Responsorium einer wirklichen Gemeinde, die nach dem
Sprecher einfällt, ist nicht zu denken, wohl aber könnte in diesem
Übergang eine Nachahmung gottesdienstlicher Lieder vorliegen.

Ode 16.

Wie der Bauer mit dem Pflug, der Steuermann am Steuer
seine Kunst zeigt, so ich beim geistigen Liede im begeisterten
Lobpreis Gottes. Denn seine Liebe erfüllt mein ganzes Wesen,
aus meinem Munde redet sein Geist von den Wunderwerken des
Herrn, seiner Barmherzigkeit und der Macht seines „Wortes"
(λογος), das seine geheimen Pläne errät und seine Gedanken auf-
spürt und kundtut. Gott hat die Welt wunderbar geschaffen und
sich dann in die sabbatliche Ruhe zurückgezogen, seine Geschöpfe
dem Kreislauf ihres unermüdlichen Wirkungstriebes überlassend.
Seine Mächte gehorchen seinem Worte (λογος). Die Sonne ist
ein ϑησαυρος φωτος und die Nacht ein solcher του σκοτους, ihr
regelmäßiger Wechsel, der über die Erde zieht, preist Gottes
Größe. Nichts ist von seiner Allmacht ausgenommen, alles geht
auf ihn als den Urheber zurück, denn er war vor allem; die κοσμοι
wurden durch sein Wort und den Gedanken seines Herzens.

Wenn v. 11 ff. in einem anderen geistigen Zusammenhange
stünden, etwa in einem jüdischen Psalmenbuche, würde ich kein
Bedenken tragen die Worte so zu verstehen, wie sie lauten; aber
in einem Milieu, in dem alles einen so übersinnlich-sinnlichen
Schimmer trägt, wie hier, ist es mir nicht wahrscheinlich, daß der
Dichter einen simplen Lobpreis Gottes auf Grund seiner Größe in der
sichtbaren Welt geben will. Wir haben nach der Einleitung des
Psalmes ein besonders geistreiches Gebilde der Kunst des in-
spirierten Dichters zu erwarten. Die Auffassung von Wasser,

Erde (= ψυχη), Himmel (= νους, z. B. Orig. in gen. hom. 1 Migne 12 S. 147) als geistigen Potenzen in dem μικρος κοσμος macht dem, der die alexandrinische Exegese kennt, keine Schwierigkeiten. Zu den „Geschöpfen" v. 14 vgl. Ode 7 28, wo darunter sicher Wesen in der Seele zu verstehen sind, ebenso wie die Welten v. 20 mit dem sonstigen Gebrauch dieses Wortes z. B. 7 13 übereinstimmen würden. In v. 16 ist die geschraubte Bezeichnung der Sonne als eines ϑησαυρος τ. φωτος sehr seltsam, falls die irdische gewöhnliche Sonne gemeint ist. Zu v. 19 vgl. Ode 4 14. 7 11, Stellen, in denen von dem Vorauswissen Gottes in bezug auf die einzelne Seele die Rede ist.

Ode 19.

Ein Becher mit süßer Milch ist mir gereicht worden, den habe ich getrunken. Der Sohn ist der Becher, in dem der köstliche Trank ist, der Spender des Trankes ist der Vater, aus dessen Brüsten er kommt, und der die Milch aus ihm gemolken hat, ist der heilige Geist; er reicht auch die Mischung der Welt, die nicht ahnt, was in ihr ist. Diejenigen Mächte in ihr, die die geistige Nahrung aufnehmen, sind Gottes Auserwählte. Die Jungfrau verging vor Hunger, empfing davon und ward schwanger; in großer Inbrunst ward sie Mutter. Sie hat den Sohn geboren ohne Schmerzen und Wehen, sie brauchte dabei keine Geburtshelferin, er selbst hat sie gestärkt, und so gebar sie nicht wie das Weib unter Naturzwang, sondern wie ein Mann, weil sie wollte, und schmerzlos . . . .

Die beiden Brüste Gottes werden von den Kirchenvätern gewöhnlich erklärt als die beiden Testamente; möglich, daß auch hier daran gedacht ist, obwohl wir die Zwei nicht zu betonen brauchen. Jedenfalls kommen sie hier in Betracht als die Quelle der geistigen Nahrung der Menschenseele, die ihr in Christus, in welchem die ganze Fülle der Gottheit leibhaftig wohnte, angeboten wird. Diejenigen, die hungernd und dürstend nach der Gerechtigkeit den Trank nehmen, sind von Gott erwählt. Daß hier nicht etwa an die geschichtliche Wirkung Christi oder seines Evange-

liums in der Welt gedacht ist, ist für den, der uns bis dahin gefolgt
ist, klar; ο κοσμος v. 4 ist wie sonst in den Oden = ο εσω
ανθρωπος, das συγκριμα all der zahllosen Kräfte und Gaben in
der Seele (Mac. hom. 37 § 8). Die umständliche und geheimnis-
volle Beschreibung v. 1—5 soll wohl weiter nichts besagen, als in
dem Sohne, d. h. in dem θεος λογος, teilt der heilige Geist die
göttliche Natur im Worte dem Menschen mit; das Wort ist das
Gefäß göttlicher Weisheit und göttlichen Wesens. Die Milch ist
als λογικη τροφη weiter nichts als ein Ausdrucksmittel für das
Wort, vgl. v. 5ᵇ mit Ode 30 v. 6. Was in dem Wort eigentlich
steckt, das so gering und schwach zu ihr kommt, daß in ihm
Gott selbst sich in sie einschleicht, ahnt die Seele gar nicht; ging
es doch auch Christo so in der Welt draußen, daß ο κοσμος
αυτον ουκ εγνω Joh 1 10. 1 26. In v. 6 ff. wird nun das Bild von
der Milch gänzlich fallen gelassen und das fernere Schicksal des
Wortes (λογος) in dem Menschenwesen geschildert. Die Jungfrau
ist nach allbekanntem mystischen Sprachgebrauch die Seele, die
hier das angebotene Wort hungrig aufnimmt, von ihm schwanger
wird und den „Sohn" gebiert, d. h. den individualisierten Christus;
vgl. Jes 26 17, eine Stelle, die von den Kirchenvätern gewöhnlich
in diesem Sinne ausgelegt wird. Daß es sich nicht um eine wirk-
liche Geburt handelt, ist für den, der v. 7 ff. zu lesen versteht, so
klar wie nur möglich gesagt. Die Geburt des Sohnes geschieht
nach dem Willen der Seele, der Vorgang ist nicht naturaliter,
nicht αναγκαστικως bedingt, er liegt in der προαιρεσις der Ge-
bärenden; sie braucht deshalb auch keine Hilfe bei dem Akt,
denn zu der „Geburt" gibt ihr der λογος selbst ja die Kraft.
Instruktiv für den Gedankenkreis, aus dem v. 6 ff. unserer Ode
stammt, ist, was Gregor. Nyss. zu cant. cant. 5 10 (Migne 44
S. 1053 A ff.) schreibt: (Χριστου) ασυνδυαστος μεν η κυοφορια
αμολυντος δε η λοχεια ανωδυνος δε η ωδις· ου θαλαμος η του
υψιστου δυναμις οιον τις νεφελη την παρθενιαν επισκιαζουσα,
πυρσος δε γαμηλιος η του αγιου πνευματος ελλαμψις κλινη δε
η απαθεια και γαμος η αφθαρσια. — αλλ' ωσπερ υιος εδοθη
ημιν ανευ πατρος ουτω και το παιδιον ανευ λοχειας γεγεννηται

ως γαρ ουκ εγνω η παρθενος οπως εν τωι σωματι αυτης το
θεοδοχον συνεστη σωμα ουτως ουδε τον τοκον ηισθετο μαρ-
τυρουσης της προφητειας αυτηι το ανωδινον της ωδινος· φησι
γαρ Ησαιας 667 — δια τουτο εκλελοχισμενος και ξενιζων καθ'
εκατερον την ακολουθιαν της φυσεως ουτε αρξαμενος εξ ηδονης
ουτε προελθων δια πονου. — εδει παντως την της ζωης μητερα
απο χαρας τε της κυοφοριας αρξασθαι και δια χαρας τελειωσαι
τον τοκον. εκλελοχισμενος (χρηματιζει) δια την αφθαρτον τε
και απαθη του τοκου παρα τους λοιπους ιδιοτητα. η ταχα και
δια τα λοιπα της γεννησεως ειδη τα δια της λοχειας γινομενα
ταυτην εφηρμοσεν αυτωι την φωνην η νομφη. ουκ αγνοεις δε
παντως οσακις εγεννηθη ο πασης της κτισεως πρωτοτοκος εν
πολλοις αδελφοις πρωτοτοκος εκ νεκρων· ο πρωτος λυσας τας
ωδινας του αιδου και πασι τον εκ νεκρων τοκον οδοποιησας
δια της αναστασεως· εν πασι μεν γαρ τουτοις εγεννηθη ου μην
δια λοχειας παρηλθεν εις γεννησιν· η τε γαρ εκ του υδατος
γενεσις το της λοχειας παθος ου παρεδεξατο και η εκ νεκρων
παλιγγενεσια και η της θειας ταυτης κτισεως πρωτοτοκια, αλλ'
εν πασι τουτοις καθαρευει της λοχειας ο τοκος —. Vgl. auch
Origen. zu ψ 865: το μεν παιδιον Ιησους γενναται εν Βηθλεεμ
ο δε ανθρωπος εν Σιων δια το πραξιν μεν τικτεσθαι εν τη
ψυχηι σοφιαν δε γεννασθαι εν τωι νωι und Gregor. Nyss. in
cant. cant. hom. 3 το γαρ γεννηθεν ημιν usw. (Migne 44. 828D).
So schreibt Orig. hom. in exod. 11 (Migne 13. 571D) mulier
praegnans dicitur anima quae nuper dei concepit verbum (Jes 26 18
a timore tuo domine etc.); qui ergo concipiunt et statim pariunt
isti nec mulieres existimandi sunt, sed viri et perfecti viri Jes 667.
Besonders deutlich zur Erklärung von v. 8ᵇ unserer Ode ist was
Gregor. Nyss. in der interpret. myst. des Lebens Mosis, Migne
44. 328B sagt: το δε ουτως γεννασθαι ουκ εξ αλλοτριας εστιν
ορμης καθ' ομοιοτητα των σωματικως το συμβαν απογεννωντων
αλλ' εκ προαιρεσεως ο τοιουτος γινεται τοκος und ibid. C: τουτο
διδασκει ο λογος αρχην του κατ' αρετην ποιεισθαι βιου το επι
λυπηι του εχθρου γεννηθηναι εν τωι τοιουτωι φημι της γεν-
νησεως ειδει ης η προαιρεσις την ωδινα μαιευεται! Auch v. 9f.

besagt noch zum Überfluß, daß von einer solchen, kurz gesagt,
sittlichen Geburt Christi die Rede ist, wenn mir auch die Aus-
drücke im einzelnen nicht mehr durchsichtig sind.

Ode 20.

Die Ode enthält eine geistliche Auslegung des priesterlichen
Amtes und des Gott wohlgefälligen Opfers, wie sie schon in den
kanonischen Psalmen angebahnt und in dem mystischen Ratio-
nalismus der asketischen Literatur dann immer weiter geführt
worden ist. Als Redender ist zu denken der νους oder der λογος,
der ja oft in der Literatur dieser Art als Priester erscheint. Aber
die Ode geht über ähnliche Forderungen der kanonischen Psalmen,
die v. 3 und 4ª nachklingen, weit hinaus. Wenn v. 5 der Erwerb
des „Fremden" verboten wird, so kann man wohl nur im Scherz
daran denken, daß man keinen fremden Sklaven kaufen solle; das
„Fremde" sind nach der ganzen Sinnesart der Oden die Dinge
dieser Welt, die andren Wesens sind als die Seele. So nennt
z. B. Gregor. Nyss. in de oratione (Migne 44. 1136A) die επιγεια —
αλλοτρια, weil sie im Gegensatz zu den αναφαιρετα δοματα
Gottes vergänglich sind: ων αναγκαια μεν η αφαιρεσις, προσκαιρος
δε η απολαυσις, επικινδυνος δε η οικονομια. Mt 1626 ist der
Resonanzboden für unsere Mahnung, es wird die mönchische
ακτημοσυνη gefordert; sie ist ja auch die unerläßliche Voraus-
setzung zu der Loslösung von den Banden des Sinnlichen, die
überall das Zentrum der Gedankenkreise bildet. Vgl. Origenes zu
ψ 256: λογικον θυσιαστηριον θεου ο νους εστιν ημων εφ' ον
καιομεν τωι παρα του πατρος εις την γην βληθεντι πυρι παντα
λογισμον αλογον αποσκιρτωντα της αγελης του δεσποτου und
ibid. zu v. 2: νεφροι συμβολον του παθητικου μερους της ψυχης
του τε θυμου και επιθυμιας, vgl. v. 4 unsrer Ode. Wer im Besitz
und im Erwerbsleben steht, lebt nach der bekannten Anschauung
vieler Kirchenväter von den Sünden der Kulturwelt, beutet durch
sein bloßes Behalten des, was er besitzt, den armen Nächsten aus,
vgl. Basil. M. de eleemos. sermo IV (Migne 32 1157A ff.). Das ist
wohl auch der Sinn der Phrasen in v. 4ᵇ und v. 5ᵇ, deren alt-

testamentliche Färbung über ihre eigentliche Bedeutung nicht täuschen darf. In v. 7 ff. wird dem gegenüber der geistliche Reichtum gepriesen, den die Seele bei Gott findet, die ihm alles opfert. Die Bilder, in denen hier die sorglose Seligkeit bei Gott geschildert wird, sind uns bereits von früher her bekannt. Das hier geschilderte Ideal kann man ernstlich nur ins Auge fassen und annähernd erreichen, wenn man alle irdischen Verpflichtungen radikal losgeworden ist. Diese Überlegung auf Grund des geistigen Zusammenhanges mit den anderen Oden muß auch über das Verständnis von 3 ff. entscheiden.

Ode 23.

Die Freude und die Gnade und die beseligende Liebe Gottes ist für die aufgehoben, denen sie Gott von Anfang an als den Seinen bestimmt hat, alle andren sind davon ausgeschlossen. Der Heilsplan (βουλη) Gottes war wie ein Brief, der vom Himmel herabkam oder wie ein Pfeil vom Bogen geschnellt. Viele Hände reckten sich und griffen dem flatternden Briefe nach um ihn zu ergreifen; aber das Gottessiegel darauf erschreckte sie, so daß sie es nicht wagen ihn zu fassen und zu öffnen. Doch gehen sie ihm neugierig und erwartungsvoll nach, wem wohl die Bestimmung des Schreibens gelten möchte. Ein Rad nahm den Brief auf, so daß er von ihm befördert wurde. Das Rad, das die Zeichen göttlicher Macht und Herrschaft an sich trägt, zermalmt alles das, was sich ihm entgegenstellt und macht aus der strages vor ihm her einen Weg. Als es mit dem Briefe auf ihm bei den Füßen angekommen ist steigt der νους, das Haupt, zu den Füßen herab. Der Brief zeigt sich als eine επιστολη της διαταγης an das ganze Reich, weil die Namen aller Orte darauf verzeichnet sind. An seiner Spitze aber steht der Name des Hauptes, des Sohnes vom Vater. Ihm ist durch den Ratschluß des Vaters alles bestimmt und er nimmt nun als κεφαλη υπερ παντα alles in Besitz. Viele Mächte hatten sich auf das Erbe Hoffnung gemacht, aber Gott machte ihre Anschläge zu schanden. Die verführerischen Dämonen, die bis dahin das Schreiben verfolgt hatten, zerstieben und lassen

enttäuscht von der Verfolgung ab. Der Brief aber wird zu einer großen Tafel, auf der steht der Name der hlg. Trinität.

Χαρα, χαρις und αγαπη sind nur verschiedene Ausdrücke für das Heilsgut, für die Seligkeit der Gemeinschaft mit Gott und die Vollendung in der μετουσια της θειας φυσεως; die starke Betonung, daß sie nur den vorher Erwählten und von Gott Bestimmten zuteil werden, steht in engem Zusammenhang mit dem Hauptteil, nimmt besonders Bezug auf v. 6 ff. und v. 17^b f. V. 4 ist wohl als ein Befehl zu fassen, eine Aufforderung zu mutiger und getroster Aneignung der völligen Erkenntnis Gottes und seines Planes. Dieser Plan ist, wie wir schon in früheren Oden gesehen haben, der Heilsratschluß Gottes über die einzelne Seele, vgl. Ode 8 und 9; sein Inhalt ist kurz gesagt in der Seele ανακεφαλαιωσασθαι τα παντα εν Χριστωι Eph 1 10. Die Dämonen bilden sich ein, sie würden schließlich die Erben des ganzen Menschenwesens werden, sie machen sich Hoffnung, es ganz in ihre Macht zu bekommen und auf ihre Seite zu ziehen, aber Gott macht ihre Anschläge zunichte. Ehe nun aber der λογος in dem Menschen seine Herrschaft antreten und offen in seiner Herrlichkeit erscheinen kann, muß das παθητικον der Seele durch praktische Askese, durch die εναρετος πολιτεια gereinigt und die ihr widerstrebenden Kräfte ausgetrieben werden. Dieser Vorgang wird dargestellt unter dem Bild eines Rades (? eines Dreschwagens), der gleichsam die υψωματα επαιρομενα κατα της γνωσεως του θεου (II Cor 10 5) ebnet und so durch die καθαιρεσις λογισμων dem Haupte den Weg bereitet, ähnlich wie durch die μεθοδος πρακτικη die θεωρητικη καταστασις des Mönches vorbereitet wird. Zu δρυμος v. 13 vgl. Gregor. Nyss. in cant. cant. Migne 44 841 D: δρυμον ονομαζει συνηθως η αγια γραφη τον υλωδη των ανθρωπων βιον τον τα ποικιλα των παθηματων ειδη υλομανησαντα εν ωι τα φθαρτικα θηρια φωλευει και κατακρυπτεται ων η φυσις εν φωτι και ηλιωι ανενεργητος μενουσα δια σκοτους την ισχυν εχει (ψ 103 19 f.). Nachdem nun die βασιλεια θεου (Ode 18 3) in den Gliedern, auch in den geringsten, den Füßen, sich durchgesetzt hat, steigt das Haupt, also der νους oder der λογος, herab und

nimmt auf Grund des Erlasses des Allmächtigen Besitz von der Welt der Seele; vgl. zu dem Ganzen Eph 1 9 ff. 20 ff., Stellen, die mehrfach in unserer Ode wiederklingen. Unter den τοποι, über die der νους als ηγεμονικον die Herrschaft antritt, sind natürlich die Gaben und Kräfte der Seele zu verstehen. Über denen allen, oben an der Spitze des Erlasses (κεφαλις βιβλιου ψ 39 11) prangt der Name des Sohnes, d. h. eben des λογος, vgl. 7 18. 19 7. Damit sind die λογισμοι των πολλων v. 17 (vgl. ψ 33 16 u. oft. Ode 24 5. 8) vernichtet und die Seele steht durch den Sohn für ewig unter der Herrschaft der Trinität; denn περας εστι της λογικης φυσεως η γνωσις της αγιας τριαδος Orig. in ψ 38 5 (M. 12. 1389 A).

Ode 26.

Ein begeisterter Lobpreis der Größe und Herrlichkeit Gottes, der den Dichter mit Leib und Seele sich ganz zu eigen gemacht hat. Das ganze Wesen der Seele stimmt mit ein, nicht nur die höheren Kräfte, sondern auch die niederen Glieder, alles ist erfüllt von seinem Ruhme. Die äußersten Enden der Erde, Ost und West und Nord und Süd, sowie Höhen und Tiefen preisen seine Herrlichkeit. Wer ihn doch würdig preisen könnte, wer doch in seiner Gemeinschaft selig von ihm erfüllt wäre, daß Er aus seinem Munde redete! Wer vermag Gottes wunderbares Wesen zu erklären? Die Herrlichkeit dessen, den er erklären wollte, wird ihn auflösen und ihn Seines Wesens machen! Es genügt, davon zu wissen (?) und seine Wonne zu erfahren; die ihn preisen, befinden sich in solcher seliger Ruhe, die (?) wie eine reiche Quelle strömt zur Erquickung für die, die sie aufsuchen.

Wenn man Ost und West usw. v. 5 ff. wirklich geographisch faßt, fällt man eigentlich aus der Welt des Dichters heraus. Ich glaube, daß er in diesen Versen dasselbe im Bild sagt, was er im Vorhergehenden ohne Bild berichtet, daß sein ganzes Wesen seiner Ehre voll ist. Warum soll der κοσμος νοητος der Seele nicht allegorisch dieselben Ortsbezeichnungen aufweisen können wie der κ. αισθητος? Als Erde hat die Seele Höhen und Tiefen, trägt sogar den Hades in sich. Dem Inhalt von v. 12 entspricht etwa,

was Gregor. Nyss. in cant. cant. Migne 44. 865 C sagt: οι την αληθινην θεοτητα βλεποντες εφ᾽ εαυτων δεχονται τα της θειας φυσεως ιδιωματα.

Ode 30.

Eine Aufforderung an die δυναμεις in der Seele aus dem Lebensbrunnen des Herrn Wasser zu schöpfen und an ihm den Durst zu stillen. Sein Wasser ist rein und erquickend, süßer als Honig und Honigseim, denn es kommt von seinen Lippen und quillt aus seinem Herzen. Sein Gang ist unbeschränkt und unsichtbar; bis es erscheint, wird es nicht erkannt. Selig, wer sich an ihm erquickt!

Unter den Wassern wird, wie in v. 5 deutlich gesagt ist, das Wort Gottes (der λογος) dargestellt, in dem Gott selbst mit seinem Geist und seinen Gaben in die Seele einzieht; das geht auch aus der Vergleichung von v. 3 f. mit ψ 18 v. 11 hervor. Die Dürstenden sind wie in Ode 6 v. 10 ff. die der Belehrung und der Erquickung durch den λογος bedürftigen Mächte des παθητικον in der Seele. Eigentümlich ist die Anschauung, daß das Wort von den Dürstenden genommen wird und sie es gar nicht merken oder erkennen v. 6; vgl. Ode 194 und 126. Es liegt wohl eine phantastische Anlehnung an Joh 1 10—12 zugrunde. Die Worte sind „Geist und Leben", wer sie so hört, vermutet gar nicht die gewaltigen göttlichen Kräfte, die in ihn eingehen und ihn umwandeln, vgl. die oben angeführte Stelle aus Mac. hom. 12 § 16, die Wirkung der Worte Jesu auf die Maria.

Ode 33.

Noch einmal ist die Gnade vom Himmel in das Verderben herabgestiegen, um es durch ihre Erscheinung völlig zu vernichten. Sie stellt sich auf einem hohen Hügel auf und läßt ihre Stimme durch das ganze Land von einem Ende zu dem anderen erschallen, um alle, die auf sie hören, an sich zu ziehen. Sie erscheint nicht träge (?) sondern steht da als eine vollkommene (d. h. tüchtige) Jungfrau und predigt unermüdlich: ihr Männer und Frauen,

höret auf mich, laßt ab von dem Verderben und nehmt meine Belehrung an; wer auf mich achtet, ist nicht betrogen, ich verhelfe ihm schließlich zur seligen Vollendung dorten.

Die χαρις Gottes steigt noch einmal herab: nachdem sie nämlich in Christo erschienen ist in der sichtbaren Welt, steigt sie nun in die einzelne Seele bei der inneren επιδημια Christi, von der wir zu Ode 7 geredet haben. Ihre Aufgabe ist es die φϑορα und die πλανη, d. h. die verderbliche und verführerische Einwirkung des Sichtbaren auf die sinnliche Natur des Menschen zu zerstören, ihn aus dem Banne der ματαιοτης zu befreien. Die Erde, auf der sie von einem Ende zum anderen ihre Ladung erschallen läßt, ist, wie oft in den Oden, die Seele und ihr Auditorium sind die Mächte in der Seele, denen sie im Gegensatz zur πλανη des Sichtbaren die αληϑεια der unsichtbaren Welt nahe bringt (v. 8); sie erscheint etwa in der Gestalt der predigenden Weisheit in prov. 1—7. Die sie als Menschenkinder anredet, sind die λογισμοι ανϑρωπινοι, im Gegensatz zu den λ. δαιμονιακοι, die unbelehrbar sind. Wer die χαρις aufnimmt, dem verschafft sie den Anspruch an die vollendete Seligkeit der neuen Welt. Wer sie anlegt, wird nicht um sein himmlisches Erbe betrogen, v. 10, vgl. 47 und sonst; wo die Gnade einmal eingesetzt und ihr Werk begonnen hat, läßt sie es nicht unvollendet, Ode 8 und 9.

Ode 34.

Wo das Herz einfältig (απλους) ist, ist kein Weg hart und wo die Gedanken recht sind, gibt es keinen Schaden (der Seele) und wo der Sinn erleuchtet ist, herrscht kein Sturm und Aufruhr. Wo von allen Seiten einen das Wahre umgibt, gibt es keine zweifelnde Unsicherheit. Denn alles (Wirkliche) ist oben, unten ist nichts in Wahrheit, es scheint nur zu sein denen, die keine rechte Erkenntnis haben. Die göttliche Gnade hat sich zu eurem Heil offenbart: so ergreift es nun und gewinnt das Leben.

Der Redende spricht zu den Mächten der Seele; er schildert ihnen aus seiner Erfahrung die καρπους της ειφηνης um die noch unentschiedenen anzulocken, vgl. Ode 102 f. Er will sie durch Be-

schreibung der seligen sturmlosen Heiterkeit (γαληνη), die da herrscht, wo man sich Gott ganz ergibt, zur Entscheidung für die erschienene χαρις und zur Ergreifung des Heiles antreiben. Wo Herz und Sinn einfältig, d. h. ungeteilt und ernstlich auf das Eine gerichtet sind, da bleibt die Seele bewahrt vor den Aufregungen der παθη, vor der ταραχη des ϑυμος und der επιϑυμια, die den Menschen in die πολυποικιλος πλανη des Sichtbaren ziehen (αιχμαλωσια). Wo die Seele auf allen Seiten von dem Wahren, dem Echten (τα κρεισσονα) umgeben ist, da hört die διστασια auf, da ist die selige ενοτης zwischen Leib und Seele, Geist und Gott hergestellt. Wo man aber an dem Sichtbaren hängt, da sieht es in der Seele aus, wie es Mac. hom. 31 § 6 geschildert wird: — των μορφωσιν ευσεβειας μονον εχοντων ο νους και η διανοια εοικε ται κοσμωι· ιδου ο σεισμος και ο σαλος της προαιρεσεως αυτων η αστατος γνωμη η δειλια και ο φοβος κατα το ειρημενον στενων· και τρεμων εσηι επι της γης κατα την απιστιαν και συγχυσιν των αστατων λογισμων οσας ωρας σαλευομενοι ως οι λοιποι παντες ανϑρωποι· σχηματι δε μονωι ου και νοηματι διαφερουσιν· οι τοιουτοι του κοσμου ... — τηι δε καρδιαι και τωι νωι κοσμωι συρονται και δεσμοις γηινοις usw. Wenn man aus v. 5[b] schließen darf, soll wohl 5[a] besagen: alles (d. h. was wahr ist, το οντως ον) ist oben. Die Überzeugung, daß die Dinge auf Erden nur Scheindinge sind, ist die eigentliche grundlegende Lebensauffassung der meisten Kirchenväter; Gregor. Nyss. de vita Mosis M. 44. 333A: και ουτως επακολουθησει τουτων ημιν γενομενων η της αληθειας γνωσις της περι το μη ον υποληψεως καθαρσιον γινεται· — ψευδος γαρ εστι φαντασια τις περι το μη ον εγγιγνομενη τηι διανοιαι ως υφεστωτος του μη υπαρχοντος, αληθεια δε η του οντος ασφαλης κατανοησις und Greg. Nyss. in cant. cant. M. 44. 836B: ταυτα γαρ (τα κοσμικα δηλαδη) τοις προς την αισθησιν βλεπουσιν επικεχρωσται μεν τηι του καλου φαντασιαι ου μην εστιν οπερ νομιζεται· πως γαρ αν τι ειη καλον ο μηδε ολως εστι καθ' υποστασιν· το γαρ εν τωι κοσμωι τουτωι τετιμημενον εν μονηι τηι οιησει των νομιζοντων ειναι το ειναι εχει vgl. ibid. 996B, wonach die Weltdinge εν τωι δοκειν εχει

το ειναι. Wer die wahre Gnosis hat, läßt sich durch ihren Glanz nicht fangen (v. 5), nur die ματαιοι lassen sich von ihm betören, Ode 18 15. Der Schluß v. 6 will besagen: die göttliche χαρις hat euch die Wahrheit (Ode 33 8) offenbart, wenn ihr nun das Leben nicht ergreift, ist's eure Schuld, vgl. Ode 3 13. 24 10. Denn Christus erschien ja ινα το εξω του οντος γενομενον (= ημας τους εξ αβουλιας το ειναι παραφθειραντας) εις το ον παλιν επαναγηι. Greg. Nyss. de vita Mosis M. 44. 381 B.

Ode 35.

Gott ließ seinen Tau erquickend auf mich träufeln, beschützte durch die Wolke des Heils („Friedens") mein Haupt. Seine Veranstaltung rettete mich aus der Not: alle meine Feinde wurden vernichtet, der Rauch des Gerichtes ging von ihnen aus. Ich durfte ihren Untergang unversehrt mit ansehen. Aber er war mir mehr als schattenspendendes Dach und feste Grundmauer (= als ein schützendes Haus): wie ein Kind trug er mich und zog mich groß durch seine Milch bis ich zum vollkommenen Alter kam. Nun breite ich meine Hände aus, meine Seele schwebt grad auf zum Höchsten und hat bei ihm ihr Heil.

Die beiden ersten Verse beschreiben in alttestamentlichen Bildern die Erquickung und den Schutz, den Gott der Seele hat zuteil werden lassen; und zwar wird der letztere Gedanke zunächst in v. 3 f. behandelt, worauf der Dichter auf den ersteren zurückkommt. Die Feinde, die v. 3 namenlos eingeführt werden, brauchte der Dichter nicht genauer zu bezeichnen: es sind natürlich die Dämonen, die der Seele nachstellten und sie angriffen. Das Wort Gottes, kraft dessen die Seele ungefährdet ihren Untergang mit ansieht, übersetzt man hier besser mit ρημα, nicht mit λογος; es bedeutet den Beschluß, Befehl Gottes. Gott hat der Seele aber noch mehr erwiesen als sie bloß vor den Dämonen geschützt, d. h. ihr in der πρακτικη den Sieg gegeben über die παθη — er hat sie wie eine Mutter ihr Kind mit seiner Milch, d. h. seinem Wort der Wahrheit geistig gefördert zur γνωσις, sie großgezogen mit geistiger Speise bis der Säugling ein „vollkommener Mann in

Christo" geworden ist. Die Seele breitet die Hände aus im Gebet und steigt beflügelt von Stufe zu Stufe näher zu Gott heran. Diese αναγωγη der Seele ist Aufgabe der Mystik, immer wieder wird ausgesprochen, daß das letzte Ziel ist η κατα δυναμιν εξομοιωσις προς τον θεον und die γευσις ακορεστος του θεου. Um das zu erreichen muß sie die Fähigkeit des Fliegens, die sie vor dem Sündenfall besaß, durch ασκησις und θεωρια wiedergewinnen, vgl. Gregor. Nyss. in cant. cant. M. 44. 1101 A f.: εξω γαρ της σκεπης του θεου πτερυγων γενομενοι και των ιδιων πτερυγων εγυμνωθημεν usw.; dann wird sie befähigt περαν τα θνητα, υπερβηναι διαθεσει τον κοσμον, εις τα περαν ελθειν = υπερβηναι τα βλεπομενα και σωματικα ως προσκαιρα φθασαι δε εις τα μη βλεπομενα και αιωνια, Orig. in Matth. hom. 115; Meth. Ol. symp. 11: υπερπηδησαι κουφως τον κοσμον οξυτατωι διανοιας ταχει; vgl. Mac. hom. 2 § 3: πετασθηναι μεν εις τον αερα τον θεικον και την ελευθεριαν του αγιου πνευματος θελει αλλ' εαν μη λαβηι πτερυγας ου δυναται. παρακαλεσωμεν ουν τον θεον ινα δωι ημιν πτερυγας περιστερας (ψ 557) του αγιου πνευματος ινα πετασθωμεν προς αυτον και καταπαυσωμεν usw. ibid. hom. 5 § 11.

Ode 36.

Ich habe meine Wonne an dem Geiste des Herrn: er hat mich erhoben, mich vor dem Höchsten auf die Füße gestellt auf daß ich ihn durch die Harmonie meiner Lieder preise. Der Geist hat mich vor dem Herrn geboren, so daß ich jetzt kein Mensch mehr bin sondern Gottes Sohn heiße, angesehen unter den Großen an dem Hofe Gottes. Denn Gott hat ein ganz neues Wesen aus mir gemacht und mich mit seiner Vollkommenheit gesalbt. So bin ich jetzt einer seiner Vertrauten und mein Mund und mein Herz quillt über von seinem Lobe. Mein Nahen zu ihm geschieht in seliger Ruhe und ich überlasse mich vertrauensvoll der Führung seines Geistes.

ܐܬܬܢܝܚ heißt hier so wenig wie 302 oder 2610 sich auf jemanden setzen und sich von ihm tragen lassen; es bezeichnet wie das entsprechende griechische αναπαυεσθαι lediglich das aus-

ruhen auf etwas, nie die Beförderung, in den weitaus meisten Fällen die geistige Erquickung vgl. z. B. Mac. hom. 8 § 5 αλλ' ει και αναπαυεται τις εν τηι χαριτι και εισερχεται εις μυστηρια και αποκαλυψεις usw. Man darf sich durch die zweite Hälfte des Verses nicht zu einer falschen Fassung des Verbums im ersten Teile verleiten lassen. Wenn der Geist den Dichter auf seine Füße stellt vor Gott, so liegt darin gewiß eine Nachahmung der entsprechenden Ausdrücke in den Visionen des Ezechiel (2, 3 usw.), aber nicht ohne daß der Verfasser da irgend eine versteckte Beziehung hineingeheimnißt hätte. Wahrscheinlich soll angedeutet sein, daß auch die Glieder der Seele, und zwar die geringsten, an der Erneuerung beteiligt sind. Der Geist, der ein Geist der υιοθεσια ist, hat den Menschen vor Gott geboren durch das Wort und ihn dadurch zu einer neuen Kreatur gemacht und ihm auf den Namen Sohn Gottes Recht gegeben. Als solcher ist er auch von Gott gesalbt worden, vgl. Mac. hom. 43 § 1: δια τουτο Χριστος επεκληθη ινα τωι αυτωι ελαιωι ωι αυτος εχρισθη και ημεις χρισθεντες γενωμεθα χριστοι της αυτης ως ειπειν ουσιας και ενος σωματος. Gleichzeitig mit seiner Erneuerung öffnet sich auch sein Mund zum Lobpreis Gottes, ein Zeichen seiner παρρησια; denn εκεινος ψαλλει ο εν αυτωι εχων τον Χριστον, Origenes bei Migne 12. 1189A. Zu dem Vergleich mit der tauenden Wolke vgl. Orig. M. 13. 336 ff.; danach ist der ουρανιος ανθρωπος eine Wolke: Μωυσης νεφελη ην και ως νεφελη ελεγε Deut. 32 1. ουτως ως νεφελη Ησαιας λεγει· 1 2 vgl. Jes 5 6. νεφελη δροσου v. 6 = Jes 18 4. Durch die ανακαινωσις ist die Seele jetzt unter die höchsten Rangstufen des göttlichen Hofstaates versetzt, vgl. Mac. hom. 15 § 35: αποθεουται γαρ λοιπον ο τοιουτος και γινεται υιος θεου λαμβανων το ουρανιον σιγνον εν τηι ψυχηι αυτου· οι γαρ εκλεκτοι αυτου χριονται το αγιαστικον ελαιον και γινονται αξιωματικοι και βασιλεις und ibid. hom. 17 § 1: — οι πνευματικοι το επουρανιον χρισμα χριομενοι γινονται χριστιανοι (leg. χριστοι) κατα χαριν ωστε ειναι αυτους βασιλεις και προφητας επουρανιων μυστηριων· — ποσωι μαλλον οσοι χριονται κατα τον νουν και τον εσω ανθρωπον το αγιαστικον και χαρο-

ποιον ελαιον της αγαλλιασεως το ουρανιον και πνευματικον
δεχονται το σιγνον της βασιλειας εκεινης της αφθαρτου και
αιδιου δυναμεως usw.

Ode 37.

Der Dichter preist Gott, der sein Gebet zu ihm erhört hat.
Er hat als Antwort sein Wort zu ihm gesandt das ihn die Früchte
seiner Mühen (seiner Askese, vielleicht auch des Gebetes) schmecken
ließ und ihm selige Ruhe durch die Gnade Gottes in das Herz
gab. — Der Inhalt des Gebetes wird bezeichnenderweise gar nicht
genannt, er ist in den von allem Irdischen losgelösten Lebens-
verhältnissen, die überall in den Oden zugrunde liegen, stets der-
selbe: die Seele steht immer εν προσδοκιαι απεκδεχομενη τον
αγαπητον; was man wünscht, ist der mystische Gottesgenuß und
die sturmlose γαληνη des inneren Menschen, in denen die Seele
das Unterpfand ihrer ewigen Vollendung ergreift.

Ode 38.

Ich stieg auf wie auf einem Wagen (?) zum Lichte der Wahr-
heit; sie lenkte mich an allen möglichen Klippen und Abgründen
vorbei sicher in den Hafen der Erlösung (= des Heils) und legte
mich dem ewigen Leben in die Arme. Die Wahrheit ging an
meiner Seite und behütete mich sorgsam vor dem Irrwahn. Ohne
Gefahr durchwandelte ich unter ihrem Schutz Höhen und Tiefen.
Sie zeigte mir all die gefährlichen Mittel der πλανη und ihre
furchtbaren Folgen, wie sie die Seele verdirbt, die Toren in der
Welt an sich lockt und in wüstem Gelage trunken und elend
macht. Von dem allen bleibe ich verschont, weil die Wahrheit
meine Führerin war. Ich bin in meinem Heile fest gegründet,
Gott selbst hat seinen Grund gelegt, er hat die Wurzel des Lebens-
baumes in mir gepflanzt und ihn gehegt und zur Vollendung reifen
lassen. Alles an mir ist sein Werk und der Segen seiner Arbeit,
darum gebührt ihm Lob und Preis.

Der Weg, den die Seele bis zu ihrer Vollendung durch diese
Welt gehen muß, ist sehr gefährlich, voller Abgründe und Untiefen;

Method. Ol. symp. prolog.: εωρων γαρ αποσκοπευουσα πολλακις εκτρεπομενας και εδεδιειν μη πως αναποδισασαι κατολισθησητε δια κρημνων, Mac. hom. 4 § 3: τον αυτον τροπον και η ψυχη φορουσα ωσπερ χιτωνα καλον το ενδυμα του σωματος εχουσα διακριτικον μελος ευθυνον ολην την ψυχην μετα του σωματος παρερχομενην δια των υλων και ακανθων του βιου και βορβορου και πυρος και κρημνων τουτεστι επιθυμιων και ηδονων — παντοθεν οφειλει μετα νηψεως και ανδριας και σπουδης και προσοχης συσφιγγειν και φυλασσειν εαυτην —. Das bringt sie nun nicht allein fertig, sie bedarf dazu der Hilfe Gottes, der sie ihr auch gibt: επαν γαρ ιδηι ο κυριος τινα γενναιως αποστρεφομενον τας του βιου ηδονας και περισπασμους και μεριμνας υλικας και δεσμους γηινους και ρεμβασμους λογισμων ματαιων διδωσι την ιδιαν της χαριτος βοηθειαν απτωτον διατηρων την ψυχην εκεινην διεξερχομενην καλως τον ενεστωτα πονηρον αιωνα, Mac. hom. 4 § 4. Deshalb dankt der Dichter unseres Liedes Gott, daß er unter der Leitung der αληθεια steht. Die „Wahrheit" ist nichts anderes als ein Ausdruck für den Christenglauben in der spezifisch asketischen Form, in der er uns in den Oden entgegentritt. Ihr gegenüber steht die πλανη, die nicht etwa irgendeine falsche Lehre oder eine Ketzerei bezeichnet, sondern nichts anderes ist als die verführerische Macht des Sichtbaren, die in dem Hängen an der Welt, der Knechtschaft in den γηινοι δεσμοι, dem Dienste der Eitelkeiten zum Ausdruck kommt; wir meinen, die αισθητα wären mit ihrer aufdringlichen Sinnlichkeit etwas Wirkliches, während sie doch nur ματαια sind, εν τωι δοκειν εχοντα το ειναι. In der Seele selbst sind viele Wesen, besonders die Mächte des παθητικον, die dem Betrug zugänglich sich dem Sichtbaren und seinen Einwirkungen nur zu gerne hingeben, die ܠܡܥܐ Ode 18 15. πλανη und θανατος v. 8 sind fast gleichbedeutend, denn wer im Banne der sichtbaren Welt liegt, ist noch im Tode, ist noch nicht „auferstanden". Die Welt der Erscheinungen versetzt die Seele in einen tollen Rausch v. 12 f., vgl. Ode 11 8 f. In der Trunkenheit dieser Welt verlieren sie νους und σοφια, indem sie in dem Sichtbaren sich verlieren und ihre Gedanken

7*

zweck- und ziellos wie Trunkene oder Geile umherirren (ρεμβα-ζεσϑαι) vgl. Mac. 4 § 4: αποστρεφει δε και εαυτην η ψυχη απο ρεμβασμων πονηρων φυλαττουσα την καρδιαν του μη ρεμβεσϑαι εν τωι κοσμωι τα μελη των λογισμων αυτης —. Als Gebiet, in dem die πλανη wirkt, wird v. 11 der κοσμος genannt, d. h. die Seelenwelt; die versucherischen Gewalten und ihre Objekte sind in der Seele selbst zu suchen, vgl. Ode 18. Die Wahrheit führt die Seele von dem Sichtbaren, den unteren Dingen, auf geradem Wege εις τα ανω zu dem οντως ον, vgl. Ode 34. 20. 15. Auf diesem Wege der Wahrheit ist die Seele fest und entschieden, sie läßt sich durch nichts mehr abbringen: Gott selbst hat ihr Heil begründet, sie verdankt alles ohne Ausnahme ihm und seiner Fürsorge allein, vgl. zu v. 22 Ode 11 19. —

Beachtenswert ist die Leichtigkeit, mit der der Dichter v. 1 ff. von einem Bild zum anderen überspringt; dieselbe Erscheinung zeigt sich v. 17 f. Das ist für jeden, der ästhetisches Gefühl hat, nichts weniger wie schön. Es ist nur möglich, wenn diese Bilder nicht original geschaffen sind, sondern traditionelle und ganz ab-geblaßte Ausdrucksmittel einer konventionellen religiösen Sprache sind. Ich mache aufmerksam auf dieselbe Erscheinung Ode 30 3—5. 19. 11 v. 1. 10. 11—12 f. — eine Aneinanderreihung von Bildern, bei deren Konzipierung die Vorstellung gar nicht mitgewirkt haben kann.

Ode 39.

Die Macht Gottes ist wie starke Ströme, die den Gottlosen wegreißen und ihn verschlingen. Der Gläubige aber wird von ihnen nicht erschüttert, denn das Zeichen des Herrn, das an ihm ist, schützt ihn. Dies Zeichen wird ihnen zum Wege, d. h. es beschirmt sie in der wilden Flut und hilft ihnen hinüber. Deshalb leget den Herrn an, so kommt ihr ohne Gefahr über diese Ströme. Er ist über die Wasser hinübergewandelt und seine Spuren stehen noch unbeweglich in dem tosenden Schwall; sie sind für alle, die ihm nachfolgen, ein sicherer Weg zum Ziele.

Was die δυναμις Gottes sein soll, ist schwer zu sagen; viel-leicht die mancherlei πειρασμοι dieses Lebens, die oft unter dem

Bilde von Wassern geschaut werden vgl. Orig. zu ψ 68 2: υδατα
λεγει τους λογισμους και τους πειρασμους τους εισερχομενους
εις την ψυχην und zu v. 15: βαθος υδατων εστιν εις ο γινονται
οι μη γενναιως τα πειρατηρια φεροντες, ebenso zu ψ 123 4.
Richtiger versteht man darunter vielleicht überhaupt das Leben,
das oft mit einem stürmischen Meer verglichen wird, über das es
hinüberzukommen gilt. Christus ist durch den Strom dieser Welt
hindurchgegangen υπολιμπανων ημιν υπογραμμον ινα επακο-
λουθησωμεν τοις ιχνεσιν αυτου (I Petri 2 21); für seine Nach-
folger kommt es nun darauf an hinter ihm her den Jordan zu
überschreiten und in das verheißene Land einzutreten oder auch
εις το περαν ελθειν, wie der terminus technicus in der mystischen
Literatur lautet. Der Weg, der von ihm zurückgeblieben ist, ist
sein Leben oder seine Lehre verstanden als eine Anweisung zur
Erfahrung Gottes und zur Gewinnung des ewigen Heiles. An ein
bestimmtes Ereignis aus dem Leben Christi ist natürlich nicht zu
denken, wenn auch die Gedanken von der alexandrinischen Exegese
der Seegeschichten im Evangelium beeinflußt sind; aber auch alt-
testamentliche Stellen haben stark eingewirkt.

Ode 3.

..... Wenn er mich nicht erst geliebt hätte, verstände ich
nicht ihn zu lieben; denn erst der, der geliebt wird, versteht die
Liebe. Der Geliebte und ich, wir sind beide unzertrennlich ver-
bunden; wo er in seliger Wonne weilt, bin ich auch, er wird mich
nicht hinausstoßen, denn er kennt keinen Neid und keine Mißgunst.
Durch meine Gemeinschaft mit dem Geliebten nehme ich sein
Wesen auf, geht seine Natur in mich über: der Sohn macht mich
zum Sohn, das Leben macht mich lebendig. Das ist die Bot-
schaft des Geistes an alle, seine Wege zu erkennen; richtet euch
danach!

Die Ode gibt der Gewißheit Ausdruck von der unzerstörbaren
Liebesgemeinschaft, die zwischen dem Sohne (= Gott) und der
Seele besteht. Diese Gemeinschaft verbürgt ihr auch die ewige
Seligkeit an der Seite desssen, der gesagt hat: wo ich bin, soll

mein Diener auch sein, vgl. Joh 17 24. 14 3 (12 26), v. 6 f. Die selige Vollendung kann ihr nicht ausbleiben, denn Gottes Natur ist in sie eingezogen und mit ihr unzerstörbares Gottesleben. Die hier ausgesprochenen Gedanken stimmen bis auf ganz charakteristische Ausdrücke mit der Lehre der Kirchenväter überein. Mac. hom. 4 § 15: εκεινο εστιν αυτης (της ψυχης) ζωη και αναπαυσις η του επουρανιου βασιλεως μυστικη και αρρητος κοινωνια oder η ανωθεν εκ του θεου γεννησις, hom. 30 § 3; (vgl. ibid. § 2) τουτο γαρ το σωμα ομοιωμα τυγχανει της ψυχης, η δε ψυχη εικων του πνευματος υπαρχει· και ωσπερ το σωμα χωρις της ψυχης νεκρον εστι μηδεν δυναμενον διαπραξασθαι ουτως ανευ της επουρανιου ψυχης χωρις του θεικου πνευματος νεκρα τυγχανει απο της βασιλειας η ψυχη μηδεν δυναμενη διαπραξασθαι των του θεου ανευ του πνευματος, ibid. Diese Vergottung ist das Neue in der Religion, das erst das Christentum gebracht hat Mac. hom. 27 § 17 . . οτι συγκιρνωνται αι ψυχαι τωι αγιωι πνευματι· τουτο ουκ ηδεισαν οι προφηται και βασιλεις ουτε ανεβη αυτων επι την καρδιαν νυν γαρ οι χριστιανοι αλλως πλουτουσι και επιποθουσιν εις την θεοτητα —; αποθεουται γαρ λοιπον ο τοιουτος και γινεται υιος θεου λαμβανων το ουρανιον σιγνον εν τηι ψυχηι αυτου, Mac. hom. 15 § 35. Diese Vergottung kann nun auf zwei Arten erreicht werden: αι ψυχαι γινονται συσσωμοι τωι λογωι entweder ερωτικηι τινι διαθεσει αυτωι προσκολλωμεναι oder φοβωι κολασεως τας μοιχικας αποφευγουσαι πειρας; die erstere Art ist die sichere — αι μεν δια της τελειοτερας δια-θεσεως ποθωι της αφθαρσιας ανακραθεισαι τηι του θεου καθα-ροτητι — Gregor. Nyss. in cant. cant. M. 44. 1112 C. In der mysti-schen Liebesglut schmelzen Gott und Mensch zusammen: τουτου γενομενου μεταχωρει τα δυο εις αλληλα ο τε θεος εν τηι ψυχηι γενομενος και παλιν εις τον θεον η ψυχη μετοικιζεται, Greg. Nyss. ibid. 889 D. Der Mystiker, συνων ηδη δι' αγαπης τωι εραστωι (Cl. Al. strom. VI cp. 9 Migne S. 293) ist mit dem Schauen nicht zufrieden, denn Jesus ου θεατας μονον της θειας δυναμεως αλλα και κοινωνους απεργαζεται και εις συγγενειαν τροπον τινα της υπερκειμενης φυσεως τους προσιοντας αγει Greg. Nyss

Beihefte zur Zeitschrift für die alttestamentliche Wissenschaft

Vorübergehend biete ich die ersten 15 Hefte bei gleichzeitiger Abnahme der Fortsetzung für 50 Mark an. Ihr gewöhnlicher Ladenpreis ist sonst M. 73.70.

Fortsetzung auf der 4. Umschlagseite.

de oratione M. 44. 1137B, und ου το γνωναι τι περι θεου μα-
καριον ο κυριος ειναι φησιν αλλα το εν εαυτωι σχειν τον θεον
ibid. de beatit. or. 6. 1269C.   Dies Aufgehen in Gott, in der Liebe
(Ode 26 12) sich selbst verlieren, wofür θεωι μισγεσθαι (v. 8) term.
techn. ist, ist das Höchste: τι γαρ ανωτερον του εν αυτωι
γενεσθαι τωι ποθουμενωι και εν άυτωι τον ποθουμενον δε-
ξασθαι; Greg. Nyss. in cant. cant. M. 44. 892A.   Wer das erreicht
hat, darf mit Origenes (in Jerem M. 13. 436D) sagen: εγω δι' αυτου
ουκετι ειμι ανθρωπος εαν ακολουθω αυτου τοις λογοις αλλα
λεγει· ψ 81 6. ουκουν ως πρωτοτοκος εστιν εκ των νεκρων
ουτω. γεγονε πρωτοτοκος παντων ανθρωπων εις θεον μετα-
βαλων (die lat. Übersetzung ist falsch).[1]   Zum Schluß stehe, was
Joh. Clim. in der scala (M. 88. 1156) von dieser Liebe sagt: αγαπη
κατα μεν ποιοτητα ομοιωσις θεου καθοσον βροτοις εφικτον κατα
δε ενεργειαν μεθη ψυχης. — αγαπη και απαθεια και υιοθεσια
τοις ονομασι και μονοις διακεκριται· μακαριος οστις τοιουτον
προς θεον εκτησατο ερωτα οιον μανικος εραστης προς την αυτου
ερωμενην κεκτηται!

---

[1] Vorher 436C ist zu lesen: ου μονον ανθρωπον ουκ οιδα αλλα σοφιαν
οιδα και (statt την) αυτοδικαιοσυνην.

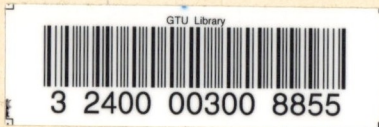